A MÍ NO
SE ME MUEREN
LAS PLANTAS

© Silvia Burés, 2011
© Círculo de Lectores, S.A., 2011
Licencia editorial por cortesía de Círculo de Lectores, S.A.

© Imagen de cubierta: Dusan Zidar/Shutterstock.com, Lakhesis/Shutterstock.com

© Angle Editorial
Cuadrilátero de Libros
Muntaner 200, ático 8º
T. 93 363 08 23 / F. 93 363 08 24
www.cuadrilaterodelibros.com
info@cuadrilaterodelibros.com

Primera edición: mayo de 2012
ISBN: 978-84-940037-1-4
DL: B-12.014-2012
Impreso por Romanyà Valls, S.A.

Silvia Burés

A MÍ NO
SE ME MUEREN
LAS PLANTAS

Todos los trucos, sugerencias
y consejos para su cuidado

Cuadrilátero
de libros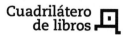

A Helena
A Jaume

Índice

Introducción

El miedo al fracaso es el peor enemigo de las plantas. Son tantas las personas que renuncian a la jardinería tras haber tenido una mala experiencia, que he pensado que tal vez sea éste un tema que se haya tratado en exceso desde el punto de vista del experto, y no del de las personas normales y corrientes, que al fin y al cabo somos la mayoría. Los libros de jardinería están llenos de cuestiones técnicas que nos llevan a consultar enciclopedias especializadas para saber qué es el pH, un injerto o una poda en espaldera y que logran acabar con nuestra fuerza de voluntad ante el reto de lograr que nuestra planta sobreviva. Si complicamos las cosas, y yo soy la primera que siempre las complico demasiado, corremos el riesgo de aburrir. Siempre he escrito libros y artículos técnicos, y esta vez me he propuesto explicar, del modo más natural, las cosas como son.

De hecho, lo único que me propongo con este libro es que la jardinería resulte un poco más divertida. No creo que la afición a las plantas tenga que ser pesada y exija conocimientos altamente cualificados. Las plantas nos rodean desde que en la selva saltábamos de árbol en árbol, y por lo tanto, forman parte de nuestra vida. Si le ponemos un poquito de ilusión y de constancia, el triunfo está asegurado. Y si no es así, no pasa nada: volvemos a empezar con plantas nuevas. No todas las plantas se van a adaptar a nuestro hogar, y muchas veces no lo sabremos si no lo probamos, así que mejor ponerse manos a la obra: si la planta no responde como pensábamos, lo intentamos con otra.

En este libro os daré los consejos necesarios para que lleguéis a poseer el grado necesario de intuición para simplificar las cosas: cómo regar las plantas, si hay que ponerlas al sol o a la sombra, o dentro o fuera de casa..., y os explicaré varias anécdotas sobre las plantas (¡hay un montón!). También tenéis que poner algo de vuestra parte y fijaros, por ejemplo, en si hace frío o calor, pues todo cuanto vosotros notáis, las plantas lo notan también. Hay padres que se empeñan en abrigar a su bebé hasta que éste se pone morado mientras que ellos van en manga corta. Tenéis que ser prácticos y mostrar sentido común y sensibilidad: si hace frío, las taparemos; si tenemos que irnos, procuraremos que tengan agua y luz suficiente en nuestra ausencia, y sobre todo, deberéis tener presente que las plantas, como nosotros, también comen y beben, y si no les ponemos ni abono ni agua no sobrevivirán.

Resulta curioso la paciencia infinita que muchas personas tienen para según qué cosas y la facilidad con la que se cansan de según qué otras. Somos capaces de empezar una dieta de adelgazamiento cada lunes de nuestra vida, o de ponernos morenos cada verano a base de pasarnos horas y horas bajo el sol aun a sabiendas que no nos conviene, o de pagar un gimnasio mes tras mes aunque no vayamos nunca. En cambio, a la primera planta que se nos muere decidimos que somos unos negados para la jardinería. Pues no: ¡tenemos que ser valientes y volver a empezar!

Este libro está pensado para toda clase de público: jóvenes, mayores, casados, solteros, *singles*, divorciados, separados, parejas del mismo sexo o de sexos distintos, con hipoteca, sin ella o con un alquiler eterno, fans de la tele y gente que odia la tele, ecologistas, funcionarios, visionarios, friquis, trabajadores de la banca, parados, jóvenes no emancipados, parejas o familias monoparentales con hijos o no, con perro o no, o hasta con peces, amantes de Facebook y de Twitter, colgados desde el último concierto de Pink Floyd o personas que aún no se han enterado que la canción protesta hace años que dejó de existir, gente que mira el festival de Eurovisión y que incluso vota, gente que hace música independiente, y también para aquellas personas que están a punto de caer en la crisis de los cuarenta; es decir, este libro está especialmente pensado para ti, que lo tienes entre tus manos y has sido capaz de llegar hasta aquí. ¡Espero que te guste!

SILVIA BURÉS

1
La primera planta

Agua, alimentación, luz y calor
Nos independizamos, nos vamos a vivir a nuestro pisito,
compramos muebles de diseño y una planta, pero... ¿la
planta no era un objeto decorativo?

¿La planta no era un objeto decorativo?

Romper el cordón umbilical definitivamente, es decir, inde-
pendizarse de verdad, hace mucha ilusión, pero también nos
trae sorpresas. Ahora ya tenemos nuestra casa tal como nos gusta, para nosotros solitos, con los muebles que hemos elegido, las cortinas que nos cayeron simpáticas y, principalmente, los horarios que más nos gustan. Bueno, si me pongo a
pensar, para mi primer piso aproveché los muebles de la casa
de mis padres y las cortinas que me regaló mi mamá, y el te-
léfono no paraba de sonar: «Hija, ¿ya comes? Hija, ¿has hecho la compra? Hija, ¿quieres venir a comer a casa? Hija, te
he comprado una mesita que te quedará tan bien en el comedor»... y así hasta que un día encontramos pareja, y a mamá

ya le empieza a dar reparo eso de llamar a cualquier hora por si acaso molesta, ya supone que debemos comer. En mi caso, con un hombre en casa, ¡seguro que comíamos!

Así que de golpe nos entran unas ganas tremendas de construir nuestro nido y empezamos a sacar los muebles viejos y las cortinas, y nos vamos con nuestra flamante pareja a redecorar la casa con toda la ilusión, esta vez sí, a nuestro gusto: muebles de diseño que van a durar menos que nuestro impulso sexual, cortinas (para qué, si ya no se llevan), y en medio del comedor, LA PLANTA.

Empezamos estableciendo turnos para la intendencia doméstica con todo el cariño del mundo, pues al principio discutimos por ser el primero en bajar la basura y lavar los platos («No te preocupes, cariño, que ya lo hago yo, tu descansa...»). ¡Qué poco dura esto! Con el tiempo, las discusiones ya pasan a ser que si esta semana he lavado los platos más veces que tú y qué cara tienes, que siempre me toca a mí bajar la basura. En esto de establecer los turnos del principio, resulta que a la pobre planta no le hemos asignado un responsable, y el uno por el otro, se va marchitando hasta que llega un día que pasa a engrosar la bolsa de la basura, tan rápido, que suele pasar en la fase de «Ya la bajo yo».

Como sea que los humanos operamos por ensayo y error, volvemos a comprar una nueva planta, que normalmente corre la misma suerte que la primera, y otra, y otra, hasta que un día reconocemos frente a la máquina del café en el trabajo aquello de «A mí es que se me mueren las plantas», y nos quedamos tan anchos.

Con el tiempo las cosas van mejor en el trabajo y en casa,

lo que significa que tenemos tanto trabajo y pasamos tan poco rato en el hogar que no nos queda tiempo para nada. La basura se va acumulando, las camas se quedan por hacer día tras día y es entonces cuando decidimos comprar el lavavajillas y contratar a una señora de la limpieza. Se acabaron las discusiones por la intendencia: entramos de pleno en la segunda fase de la relación, la de tener una casa como tiene que ser, y hasta ir un poco más allá: los menos osados piensan en agenciarse un animal de compañía y los más atrevidos hasta en aumentar la familia y tener un bebé. Es en esta fase cuando, sin darnos cuenta, la última víctima vegetal de nuestra emancipación resucita y empieza a echar hojitas nuevas. Un día, sentados en el sofá, nos damos cuenta de que el artífice de la resurrección vegetal es la señora de la limpieza, que toma una botella vacía, la llena de agua, y la vierte sobre la maceta.

Este gran descubrimiento que algunos privilegiados hacen alguna vez mientras el resto viven en la más profunda ignorancia es la base de la jardinería: las plantas son seres vivos, y como tales se deben regar y alimentar y necesitan luz y calor. Ni más ni menos que nosotros, nuestras mascotas y los niños.

¿Cuánta agua le echo?

Ahora que ya hemos descubierto que el agua es mágica para las plantas, seguimos con la gran duda: ¿cuánta agua le echo y cada cuánto? La respuesta es más complicada de lo que parece a simple vista, ya que depende de muchas cosas: de lo grande que sea la maceta, de la temperatura y del tipo de planta, ¡ni más ni menos!

Me explico: si la maceta es grande, cabrá más agua que si la maceta es pequeña, así que por lógica, la maceta pequeña la regaremos más que la grande, porque tendrá menos capacidad de reserva.

¿Y la temperatura? Si hace más calor —es decir, si la planta está al sol o en un interior con calefacción— el agua se evaporará más rápido que si hace más fresquito; ya tenéis pues otra pista: las plantas que están a la sombra o en lugares frescos y húmedos necesitarán menos agua.

 Al regar, hagámoslo fácil:
   – **maceta grande, regadera de tres litros,**
   – **maceta mediana, botella de un litro,**
   – **maceta pequeña, vasito de agua.**

El tipo de planta... ¡Vaya! ¡Pero si no sabemos ni cómo se llama nuestra planta! No os preocupéis: si tiene las hojas anchas necesitará más agua que si tiene las hojas estrechas. Esto ocurre porque como las plantas transpiran —es decir, pierden humedad por las hojas— cuanto más grande sea la hoja más agua perderá y por lo tanto tendremos que añadir más para reponer el agua perdida. Los cactus sí los reconocemos, ¿verdad? Pues ésos son los que menos agua necesitan, y a las plantas crasas, que son las que tienen las hojas gruesas y carnosas, tampoco les hace falta mucha.

Me imagino que llegados a este punto ya no sabremos qué

hacer. Pues muy fácil: hay plantas de un día, plantas de dos días y plantas de cada día.

Las plantas de un día son las que regaremos sólo los domingos: plantas que están en macetas grandes, plantas situadas a la sombra o en lugares frescos y plantas de hoja pequeña. Los cactus y las plantas crasas son también de domingo.

Las plantas de dos días son las que regaremos los miércoles y los domingos. Son las plantas que están en macetas medianas, las que están a media sombra o en lugares cálidos y las que tienen las hojas grandes.

Las plantas de cada día son excepcionales. Son las de tiestos muy pequeños o situadas en lugares con la calefacción muy alta, y que además tienen muchas hojas y éstas son grandes.

Os pondré un ejemplo que todos conoceréis: la poinsetia, la planta estrella de la Navidad, la que tiene las hojas rojas. Cuando la compramos en una maceta pequeña y la tenemos dentro de casa con la calefacción a tope es una planta de cada día; cuando llega la primavera, la sacamos al balcón y la ponemos a la sombra (¡no la pongáis al sol!) es planta de dos días, y cuando la trasplantamos a una maceta más grande y la seguimos teniendo en el balcón a la sombra se convierte en planta de un día.

Para los más escrupulosos, los domingos las regáis por la mañana y los miércoles, por la tarde.

Para saber las cantidades, también vamos a ponerlo fácil: maceta grande, regadera de tres litros; maceta mediana, botella de un litro, y maceta pequeña, vasito de agua.

Y creedme, no le deis más vueltas: clasificad vuestras plantas por grupos y si os equivocáis con alguna, cambiad de planta, que tampoco pasa nada.

¿Y qué comen las plantas?

Las plantas comen unas sustancias que se llaman abonos.

Todas las plantas necesitan elementos nutritivos para crecer y desarrollarse. Los principales elementos de los que se componen los tejidos vegetales son el carbono, el hidrógeno y el oxígeno, que se denominan no fertilizantes, ya que proceden del agua y del dióxido de carbono del aire. El resto de componentes son los elementos fertilizantes, que las plantas absorben a través de las raíces.

Los elementos fertilizantes más abundantes, los macronutrientes o elementos principales, son el nitrógeno, el fósforo, el potasio, el magnesio, el azufre y el calcio. El resto son micronutrientes, como el hierro, el cinc, el boro, el sodio, el manganeso, el cobre, el molibdeno, el cloro y otros elementos que encontramos en proporciones muy pequeñas. Todos ellos son esenciales para el desarrollo completo de las plantas, dado que forman sus células y tejidos y permiten que tengan lugar los procesos propios del metabolismo vegetal.

Como el sustrato donde se van a desarrollar las plantas no suele contar con todos los elementos necesarios para una nutrición completa y al crecer las plantas van consumiendo los fertilizantes, éstos deben añadirse mediante el abonado. Así pues, abonar es dar a las plantas los elementos minerales necesarios para su desarrollo.

Los principales elementos que deberemos añadir como fertilizantes son el nitrógeno, el fósforo y el potasio, que las plantas necesitan en más cantidad. El resto de elementos necesarios suelen estar presentes en el sustrato si éste contiene materia orgánica, es decir, materia que proviene de la descomposición de organismos animales o vegetales, como sucede con el estiércol o el compost. Es lo que conocemos como abono orgánico: a medida que se descompone, la materia orgánica que añadimos al sustrato va liberando la mayor parte de los elementos nutritivos que las plantas necesitan, lo que convierte a la materia orgánica en el mejor abono.

Las plantas emplean el nitrógeno para formar las proteínas, la clorofila y las enzimas necesarias para que sus células crezcan y se reproduzcan; así, el nitrógeno estimula el crecimiento rápido de tallos y hojas. Las plantas que dispongan del nitrógeno necesario tendrán las hojas muy verdes.

El fósforo constituye un elemento principal en las plantas, puesto que interviene en los procesos metabólicos más importantes: la fotosíntesis, la respiración y la transferencia de energía en el interior de la planta. Una buena fertilización con fósforo promueve la germinación de las semillas, la floración, la madurez de los cultivos y la resistencia a las bajas temperaturas invernales.

El potasio es un elemento esencial en la fotosíntesis, facilita el crecimiento de las células, da fortaleza a los tallos y resistencia general frente a las enfermedades, favorece la fructificación y la formación de semillas y regula la mayoría de los procesos metabólicos necesarios para el crecimiento de la planta, los frutos y las semillas. Las plantas que tienen potasio son más vigorosas.

Si aportamos los elementos químicos que necesitan, junto con la luz y el agua, las plantas tendrán todo lo necesario para crecer y desarrollarse.

Los abonos se pueden incorporar de modos distintos, en forma sólida o líquida. Los abonos comerciales sólidos pueden presentarse en forma de polvo, de granulado, en pastillas o bastoncitos. Los abonos líquidos deben disolverse en agua y se pueden aplicar directamente a las hojas —en dosis muy bajas— o en el sustrato, junto con el agua de riego.

 Los abonos se pueden incorporar de modos distintos, en forma sólida o líquida:
   – Los sólidos pueden presentarse en forma de polvo, de granulado, en pastillas o bastoncitos.
   – Los líquidos deben disolverse en agua y se pueden aplicar directamente a las hojas —en dosis muy bajas— o en el sustrato, junto con el agua de riego.

Lo de los abonos puede ser complicado. Lo más sencillo es leer bien las recomendaciones que figuran en los envases, puesto que un exceso de abonado puede provocar quemaduras en las hojas y si, en cambio, no ponemos suficiente abono, nuestras plantas van a pasar hambre.

También podemos seguir unos sencillos consejos: en invierno las plantas crecen poco, y por lo tanto no es necesario ponerles mucho abono; en verano, con el calor, las plantas frenan también su crecimiento; en cambio, en primavera y en otoño las plantas crecen mucho, y por lo tanto necesitan comida: un poco de abono una vez al mes durante los meses de primavera y de otoño suele ser suficiente para que las plantas tengan un desarrollo normal. Un consejo: tomad una cucharita de café (de las pequeñitas, de las que hay en todas las cuberterías de las abuelas) y de cualquier cosa que se llame abono ponéis una cucharadita rasa a cada planta el día quince de cada mes durante los meses de febrero, marzo, abril, mayo, junio, septiembre y octubre. Regad bien a continuación, ya que el abono que no esté bien disuelto puede quemar los tallos.

¿Cuánta luz necesitan?

Las plantas necesitan luz para hacer la fotosíntesis, proceso que transforma el dióxido de carbono (CO_2) en oxígeno (O_2). Las plantas necesitan la energía de la luz para romper la molécula de CO_2. Pero no todas las plantas necesitan la misma luz. Hemos oído hablar de plantas de sol y de sombra, ¿o no?

Bueno, pues las plantas de sol son las que necesitan que les dé el sol para crecer y florecer. Como en todo, las hay de muchas clases: algunas se conforman con dos horas de sol al día y otras quieren sol durante toda la jornada. Por ejemplo, tomemos una planta sencilla: un geranio. Si lo ponemos a la sombra dejará de florecer; con un poco de suerte nos deleitará con unas hojas grandotas y muy verdes y, al cabo de un par de años, acabará por resignarse a morir. El geranio es una planta de sol.

> Por lo general, las plantas de hojas pequeñas y color verde claro son de sol, y las de hojas grandes verde oscuro son de sombra.

Ahora veamos el caso contrario: tomemos una aspidistra. También la conocemos ¿no? Bueno, para los que no la conozcan, se trata de una de las plantas más típicas en casa de nuestras abuelas. Se la conoce también como «planta de salón», tiene unas hojas verdes y largas que salen todas casi en vertical desde la maceta. Bueno, pues si la ponemos al sol, perderá el color verde brillante y adquirirá una coloración amarillenta y mortecina, las hojas dejarán de crecer hacia arriba y se abrirán, colgando hacia fuera de la maceta, y así malvivirá la planta hasta que también un día se resigne a dejarnos definitivamente. La aspidistra es una planta de sombra.

¿Y por qué existen las plantas de sol y las de sombra? Bueno, pues eso se debe a que las plantas que utilizamos en jardinería vienen de países muy distintos, con más o menos horas de insolación, o bien brotan en un hábitat natural determinado. Así, hay plantas de sotobosque que crecen a la sombra de los árboles y que se han adaptado durante miles de años a la poca luz que se filtra entre las hojas de los mismos.

¿Y cómo podemos saber si una planta es de sol o de sombra? Lo más fácil es preguntar, pero también en este caso hay algunas señales que nos darán una pista: por lo general, las plantas de hojas pequeñas y color verde claro son de sol, y las de hojas grandes verde oscuro son de sombra.

Por ejemplo, entre las plantas de sol encontramos los geranios, las margaritas, las salvias o la lavanda.

Entre las plantas de sombra están la aspidistra, el filodendro, la hortensia de invierno, la aralia, el ciclamen o las begonias.

¿Dentro o fuera de casa?

Es evidente que en la naturaleza no existen las plantas de interior, simplemente llamamos de este modo a las que provienen de zonas tropicales o subtropicales y que no aguantan las temperaturas invernales de los climas templados y fríos. Pero esto cambia según el clima: ¿sabíais que en el norte de Europa el romero es una planta de interior? Pues sí, resulta que si en invierno hace demasiado frío el romero se hiela, y por esa razón, si un alemán o un finlandés quieren tener romeros o adelfas los deberán poner dentro de casa.

En el Mediterráneo las plantas de interior suelen ser las tropicales o subtropicales: los potos, muchos helechos, palmeras como las arecas o las chamaedoreas, los espatifilos, la poinsetia, las orquídeas o las violetas africanas. Sin embargo, estas plantas crecerán más si en verano las sacamos al exterior y las ponemos a la sombra que si las dejamos todo el año dentro de casa.

El resto de plantas son las de exterior: árboles, arbustos y plantas de temporada. Éstas las tendremos todo el año fuera de casa.

En el Mediterráneo las plantas de interior suelen ser las tropicales o subtropicales: los potos, muchos helechos, palmeras como las arecas o las chamaedoreas, los espatifilos, la poinsetia, las orquídeas o las violetas africanas. Sin embargo, estas plantas crecerán más si en verano las sacamos al exterior y las ponemos a la sombra que si las dejamos todo el año dentro de casa.

Debemos ir con cuidado con las temperaturas dentro de casa; en invierno, con la calefacción, muchos interiores se convierten en tropicales; aunque no esté bien hacerlo, porque es una manera de malgastar energía, tened en cuenta que si en invierno vais en manga corta, las plantas también tendrán calor, y las tendréis que regar y abonar más. Además, la calefacción suele crear un ambiente reseco, por lo que no estaría de más poner un humidificador en casa (con poner unos recipientes llenos de agua encima de los radiadores a fin de que el agua se evapore poco a poco es suficiente). De tanto en tanto, remojad las hojas con un pulverizador; las plantas os lo agradecerán.

Lo mismo sucede en verano si tenéis el aire acondicionado demasiado fuerte: las plantas de interior creen que están en una nevera y dejan de crecer. Lo mejor es hacer lo mismo que en invierno: no gastar la energía innecesariamente. De todos modos, pensando en la salud de vuestras plantas de interior, ¡les haréis un gran favor si las sacáis al lavadero, a la sombra, donde no sufran climas artificiales!

2
¿Por qué he de tener plantas?

Un poco de historia
Desde la noche de los tiempos, los humanos nos hemos rodeado de plantas: desde que morábamos en la selva y nos acompañaban de modo natural, hasta ahora, que vivimos en una cultura más avanzada, siempre hemos tenido la necesidad de llevar la naturaleza a casa.

¿Desde cuándo vivimos rodeados de plantas?

Querer tener una planta en el comedor no es nada extraño puesto que hemos vivido rodeados de plantas desde antes incluso de ser humanos. Lo llevamos en los genes. Nuestros antepasados, los primeros homínidos, vivían en los bosques húmedos de África, donde se separaron de la rama que más tarde daría lugar a los chimpancés. Esto fue hace entre 4,5 y 7 millones de años.

El primer homínido fue *Ardipithecus ramidus*, quien vivió hace 4,4 millones de años. Esta especie vivía en los bosques africanos y se alimentaba de plantas. El ejemplar más conocido de estos homínidos fue bautizado con el nombre de Ardi.

Hace entre 3 y 3,5 millones de años encontramos otro homínido, *Australopithecus afarensis*, que parece que habitaba ya zonas más abiertas, de sabana, con vegetación herbácea y menos árboles, y que se alimentaba también de plantas. El representante más famoso de este género se conoce como Lucy, y se halló en la actual Etiopía.

Los primeros humanos (género *Homo*) datan de hace poco más de dos millones de años, mientras que *Homo sapiens*, especie a la que pertenecemos, tenía un aspecto igual al nuestro hace poco más de cien mil años. No fue, sin embargo, hasta hace aproximadamente once mil años cuando descubrimos que era posible domesticar el medio ambiente y, en vez de ir a recolectar frutas y hojas al bosque para comer, podíamos plantar trigo frente a nuestras primeras y modestas viviendas. Así pues, desde que Ardi y Lucy campaban a sus anchas por bosques y prados recolectando vegetales para alimentarse hasta que desarrollamos un cerebro que nos permitía controlar la naturaleza pasaron unos millones de años. Once mil años no son nada en la escala de vida de nuestro planeta, sobre todo si pensamos que la vida comenzó hace nada menos que tres mil quinientos millones de años.

No se sabe cuándo apareció la jardinería, puesto que en escalas de tiempo similares la jardinería no deja excesivos rastros. Lo más probable es que a la vez que aparecía la agricultura alrededor de las cuevas, lo hiciese también la jardinería en el sentido ornamental o ritual, o quizás incluso antes, ya que se sabe que el arte apareció mucho antes que la agricultura. Hace nada más y nada menos que ochenta mil años, los humanos primitivos se adornaban ya con collares, y hace treinta mil años se empezaron a decorar las paredes de las cuevas con pinturas rupestres. Parece, pues, que la jardinería debió de aparecer en algún momento entre hace ochenta mil y once mil años, aunque no lo podemos documentar. El primer testimonio pictórico no aparece hasta algo más tarde, hace unos cuatro mil años.

Jardines documentados

Los primeros jardines representados aparecen en las pinturas de tumbas egipcias. La antigua cultura egipcia se desarrolló en una zona poco verde, desde un punto de vista vegetal. A menudo, para decorar los jardines que rodeaban a los grandes palacios se utilizaban plantas que eran útiles a la par que decorativas: higueras, viñas y granados, además de plantas aromáticas. Asimismo, se construían pérgolas para emparrar plantas trepadoras y estanques con plantas acuáticas. Los primeros jardines eran lugares cerrados donde se cultivaban verduras y frutas.

La jardinería tuvo también un papel importante en la cultura mesopotámica: los ríos Tigris y Éufrates proporcionaron tierras fértiles para cultivar jardines en una zona muy árida. Por lo que se dice, fue en este lugar donde se inventaron las terrazas ajardinadas. Se afirma que el primer jardín colgante fue el de Babilonia, en el año 605 antes de Cristo. Ahora también la nueva arquitectura incorpora jardines colgantes en sus proyectos.

 Los primeros jardines representados se remontan a hace casi cuatro mil años, y aparecen en las pinturas de tumbas egipcias.

A lo largo de la historia se vivieron épocas de esplendor, en las que fueron configurándose las distintas tipologías de jardines: más allá de la reproducción gráfica, los jardines romanos nos dejaron los primeros ejemplos visibles aún hoy en sus ruinas. Se trataba de zonas delimitadas y con una clara funcionalidad de alimentación y disfrute. El jardín era símbolo de riqueza en los palacios y las casas de los más poderosos, dejando tal vez de ser un espacio meramente útil para convertirse en una muestra del estatus de sus propietarios.

Los árabes dominaron el agua. Extendieron sus conocimientos por zonas de escasa pluviometría, en las que demostraron su control tanto del agua como de la vegetación. La imaginación y la oportunidad siempre han surgido, y siguen surgiendo, de la necesidad. Los jardines de la Alhambra y del Generalife en Granada son una muestra de la trascendencia de la jardinería en la cultura musulmana.

En la misma época nacieron los jardines medievales, concretamente en los monasterios, donde se experimentaba con cualquier planta comestible. Estos conocimientos han contribuido al desarrollo de la gastronomía e incluso de la medicina.

Más tarde, durante el Renacimiento, se construyeron jardines aún hoy bien conservados, por lo que todavía se pueden visitar, como los de los palacios ajardinados italianos o los complejos jardines de los castillos franceses. Ambos casos reflejan un perfeccionamiento de las técnicas de control de las plantas, las cuales no sólo quedaban confinadas a un espacio delimitado, sino que a las pobres se las recortaba para que tuviesen la forma que sus propietarios deseaban. El arte topiario es sin lugar a dudas el máximo exponente de ello: para deleite de las clases acomodadas, a las pobres plantas se les daba sin ningún reparo aspecto de conejitos o de ardillas. Uno de los jardines más espectaculares, que debería ser visitado por todo aficionado a la jardinería, es el del castillo de Villandry, en el valle del Loira, en Francia, construido en el siglo XVI por Jean le Breton, y reconstruido en el siglo XX por Joachim Carvallo. Si uno de estos veranos no sabéis qué hacer os recomiendo este bien conservado jardín de filigranas recortadas.

Si nos desplazamos hacia otras culturas comprobaremos que también en Oriente se ha puesto las plantas al servicio de los humanos, alumbrando una sólida cultura paisajística. Los bonsáis japoneses son un claro ejemplo del dominio sobre la naturaleza, un dominio técnico impresionante. El jardín ha sido considerado sagrado en las culturas orientales, lo que ha dado lugar a una simbología de la que hoy en día se nutre el jardín occidental. También de Japón proviene el ikebana, arte que se remonta al siglo VI y que consiste en arreglar las flores de un modo minimalista y espiritual.

Volviendo a nuestro continente, en el siglo XVII André le Nôtre, quizás uno de los jardineros más importantes de la historia, creó en Francia los jardines del palacio de Versalles. Como los inviernos eran fríos, los jardineros de Versalles plantaban los árboles en macetas y tenían la paciencia de ponerlas a cubierto cuando el tiempo empeoraba. No os creáis que esto no tuvo su importancia: el cultivo en maceta ha sido un gran avance, que nos ha permitido tener numerosas plantas dentro de casa. Deudores de esta tradición francesa son los Jardines de Aranjuez, en Madrid, o los de la Granja de San Ildefonso, en Segovia, creados ambos en el siglo XVIII.

El jardín paisajista inglés llegó en el siglo XVII. Se trata del gran jardín de césped que imita el paisaje natural y que se extendió por numerosas ciudades hasta bien entrado el siglo XX. A diferencia del jardín francés, que estaba de moda en aquella época y que se caracterizaba por una disposición geométrica de las plantas y caminos, el jardín inglés era de un estilo que se ha llamado «paisajístico», pues de algún modo intentaba reproducir el paisaje natural. Este estilo fue creado por los paisajistas William Kent y Charles Bridgeman, y su máximo representante fue Lancelot *Capability* Brown, a quien muchos consideran el mejor paisajista de la historia. Con el tiempo, este tipo de jardín fue incorporando aspectos de los jardines chinos. A finales del siglo XVIII se extendió a Francia. Se trata del jardín que se democratizó y se adaptó a los parques urbanos, como el conocido Hyde Park de Londres, a nuestros parques urbanos locales, y diría más, a nuestras segundas residencias y que hoy en día nos ha servido para replantearnos por fin la jardinería: es el jardín de la abundancia de agua y de recursos, el mismo que hemos reproducido en todas partes y en numerosas urbanizaciones pese al clima. Es el jardín verde, el jardín extemporáneo y deslocalizado, pues por alguna razón el «paisaje natural» que hemos querido reproducir no es precisamente el nuestro.

 Grandes figuras de la jardinería, como Josep Fontserè y Antoni Gaudí en el siglo XIX o Nicolau Maria Rubió y Tudurí en el siglo XX han sido arquitectos que han modelado el paisaje bajo criterios arquitectónicos.

Algunos grandes jardineros históricos han marcado nuestra época actual. Pese a que la jardinería es una disciplina que integra el arte, la arquitectura, la biología, la agricultura y la ingeniería, la verdad es que muchos de los grandes jardineros han sido arquitectos. De hecho, los arquitectos afirman que la jardinería es el arte de ordenar la naturaleza bajo los principios de la arquitectura. Grandes figuras de la jardinería, como Josep Fontserè y Antoni Gaudí en el siglo XIX o Nicolau Maria Rubió y Tudurí en el siglo XX han sido, en efecto, arquitectos que han modelado el paisaje bajo criterios arquitectónicos. En Cataluña podemos encontrar algunos ejemplos vivos: el parque de la Ciudadela en Barcelona y el parque Samà de Cambrils (Tarragona) son de Fontserè; respecto a Antoni Gaudí, amén de su colaboración con el anterior, podemos hacernos una idea de su magnitud como paisajista si visitamos el parque Güell de Barcelona. De Rubió y Tudurí han quedado testimonios en Barcelona como el parque de Montjuïc o la plaza Francesc Macià, o los jardines de Santa Clotilde en Lloret de Mar. Con ellos trabajaron paisajistas de primera línea, como Jean-Claude Nicolas Forestier, quien proyectó el parque de María Luisa en Sevilla o la urbanización de la montaña de Montjuïc en Barcelona.

La jardinería hoy

La jardinería contemporánea refleja un estado de madurez en el que el jardín representa la actitud humana frente al mundo y la vida.

En el siglo XX podemos destacar a personajes como Roberto Burle Marx (1909-1994), paisajista nacido en São Paulo (Brasil), que fomentó el uso de plantas autóctonas en jardinería, o al mexicano Luis Barragán (1902-1988), arquitecto humanizador del paisaje a través de la jardinería, y autor de la frase «en el jardín el arquitecto invita al reino vegetal a colaborar con él». Otros jardineros famosos, todos ellos provenientes de Francia, son Gilles Clément, quien colaboró con Jean Nouvel en el jardín del Museo del Quai Branly, en París; Alain Provost, autor junto a Clément del también parisiense parque André Citröen, o Michel Corajoud, autor de numerosos parques en Francia. Unos de los arquitectos que más ha influido en la idea del paisaje en el siglo XX es Frank Lloyd Wright, máximo exponente de lo que se denominó «arquitectura orgánica», y creador de edificios integrados en plena naturaleza. El máximo exponente de su obra lo encontramos en la Casa de la Cascada, en Pensilvania, Estados Unidos, edificio construido sobre una cascada de agua, la cual asume la función de jardín.

A finales del siglo xx nos llegó el jardín minimalista, deudor de la tendencia arquitectónica liderada por Mies van der Rohe durante la primera mitad del pasado siglo. A mi modo de ver, todos en esa época sufrimos cierto colapso de la jardinería. No se conoce muy bien el motivo, pero los jardines se volvieron tan minimalistas que acabaron siendo casi inexistentes. Seguro que por el camino se habían perdido los conocimientos de antaño sobre la naturaleza, pues en esas épocas de bienestar no nos hacía falta tener mucha cultura para abrirnos camino en la vida. Además, era un recurso fácil para nuestra cómoda existencia de antes de la crisis. En la Barcelona preolímpica, por ejemplo, las plazas duras eran la máxima expresión urbanística del minimalismo aplicado a la jardinería.

En lo que llevamos de siglo, al menos, han aparecido cosas nuevas. La jardinería de comienzos del siglo xxi está adoptando las tecnologías existentes para convertirse no sólo en estética sino en una actividad racional; se aplican las técnicas del cultivo hidropónico, se utilizan sensores de clima, agua y nutrientes; la jardinería deja de estar ligada al suelo y al clima para integrarse en la edificación. Tradicionalmente la jardinería ha estado ligada a la tierra, lo que ha facilitado que las plantas se desarrollasen sin que fueran necesarias grandes innovaciones en cuanto a técnicas de cultivo, que se han mantenido inmutables a lo largo de los siglos. Pese a ello, en estos últimos años la necesidad de vivir de modo más sostenible nos ha llevado a ajardinar espacios urbanos en todas las dimensiones de la edificación; se recubren con plantas azoteas y muros con el fin de reducir el gasto energético de los edificios y aumentar la biodiversidad en las ciudades, lo que ha dado lugar a nuevas variables en la jardinería. Uno de los jardineros más innovadores es también francés: Patrick Blanc, el padre de los muros vegetales, como el del edificio de Caixa-Forum de Madrid.

✦ **Unos de los arquitectos que más ha influido en la idea del paisaje en el siglo xx es Frank Lloyd Wright, máximo exponente de lo que se denominó «arquitectura orgánica», y creador de edificios integrados en plena naturaleza. El máximo exponente de su obra lo encontramos en la Casa de la Cascada, en Pensilvania, Estados Unidos, construida sobre una cascada de agua.**

En mi opinión en España gozamos de tres ejemplos pioneros de una nueva jardinería. El primero es el jardín colgante del edificio de Banca Catalana (hoy propiedad del Grupo Planeta) en Barcelona, diseñado por los arquitectos Fargas y Tous y construido en 1978, que introdujo por primera vez técnicas hidropónicas en nuestra arquitectura. El segundo es el Puppy de Jeff Koons en el Museo Guggenheim de Bilbao, que para la mayoría fue el primer ejemplo de plantas en una superficie vertical. El tercero es el ya citado muro vegetal de Patrick Blanc en el edificio CaixaForum de Madrid, que definitivamente ha marcado un antes y un después en la percepción de la jardinería. Estas obras nos muestran un perfecto maridaje entre la vegetación y la arquitectura, aportan una nueva dimensión y nos abren posibilidades infinitas de integración de la jardinería en la ciudad.

¿Hacia dónde va la jardinería?

Definitivamente, hacia el ahorro de recursos. En los foros internacionales en los que se discute los aspectos científicos y técnicos de todo cuanto tiene que ver con la jardinería circula un rumor: las sequías que se han sufrido en los últimos años y que en diversos lugares han obligado a los políticos a prohibir el riego de los jardines no han sido anecdóticas; afirman que, si no hay una gestión correcta del agua, dentro de nada se va a prohibir completamente construir jardines.

En los próximos años, la jardinería va a tener gran importancia. Después de la crisis deberemos vivir de otro modo, y estoy convencida de que no volveremos a poner un ladrillo sobre otro sin pensarlo bien antes. Las plantas serán una herramienta para crear corredores ecológicos en las ciudades, para aumentar la biodiversidad, para ahorrar energía y disminuir el CO_2.

No os preocupéis, es muy fácil. Afortunadamente durante los últimos años se han ido desarrollando técnicas para hacer de la jardinería una actividad más sostenible. Veréis cómo será más fácil de lo que parece. Si Ardi y Lucy consiguieron salir adelante rodeados de plantas no debe ser tan complicado... aunque, bien mirado, ambos dejaron el pellejo en ello.

3
Aquí y en la China

Culturas de jardinería y de dónde vienen las plantas
El modo en que cada cultura percibe el mundo vegetal,
los diversos estilos de jardines, las diferentes formas de
ver y vivir el hecho de tener plantas en casa. Las plantas
«importadas».

Culturas jardineras

Hemos visto un poco de historia de la jardinería en nuestro
entorno más cercano; sin embargo, se hace jardinería por todas partes, con estilos muy diferentes que responden a modos
también distintos de ver la vida. Las plantas ornamentales
que tenemos en casa no vienen de los bosques de las cerca-
nías; la mayoría nos han llegado desde muy lejos, y a lo largo
de años hemos ido integrándolas a nuestro modo de vida.

Así pues, mientras estamos sentados en el sofá, podemos
estar mirando nuestro potos, que tan corriente nos parece, sin
pensar en que viene nada menos que de las islas Salomón; o
bien disfrutar de una kentia, que procede de la lejana isla de

Lord Howe, un pequeño paraíso tropical dejado de la mano de Dios y situado exactamente en nuestras antípodas. La isla de Lord Howe, que se halla a seiscientos kilómetros de la costa australiana, fue descubierta en el año 1788. Con poco más de cincuenta kilómetros cuadrados, constituye una región ecológica única, con especies de pájaros, insectos, mamíferos y plantas singulares, como la kentia, que en su día sólo podía encontrarse en aquellas remotas tierras, y mira por dónde, ¡ahora está en tantas casas!

De países lejanos nos han llegado, pues, plantas y maneras de hacer jardines. Las decoraciones de estilo zen tienen su origen en la lejana China de hace quince siglos; de allí se extendieron a Japón, donde se hicieron famosas, y hasta hace poco nos parecían tan modernas que todos queríamos tener una terraza de este tipo. ¡Si es que en el fondo somos muy tradicionales!

Los jardines precolombinos

Uno de los ejemplos de jardinería precolombina más conocidos son los jardines flotantes de Xochimilco, en México. Xochimilco, que en náhuatl quería decir «campo de flores», es un suburbio de ciudad de México famoso por sus canales. En ellos los aztecas construyeron jardines sobre plataformas de maderos que después ponían a flote. Con el tiempo, los jardines se transformaron en islas, al anclar sus raíces en el fondo de los canales. Estos jardines se crearon siguiendo la técnica de la chinampa (del náhuatl *chinamitl*, «cerca de cañas»), desarrollada durante el período de los toltecas y que alcanzó su cenit en el siglo XVI. Esta técnica dio lugar a una agricultura muy avanzada que permitió alimentar a una población en crecimiento. En épocas antiguas la jardinería y la agricultura estaban muy relacionadas, aunque no hace falta ir tan lejos en el tiempo: en los jardines de nuestras abuelas, al lado de las matas de margaritas, había nabos y repollos.

El jardín fue muy importante en las culturas mesoamericanas, tanto en la maya como en la azteca, pues el jardín representaba el paraíso donde las almas se reencontraban después de la muerte.

Ya en el sur de América, en el valle sagrado inca del Machu Picchu encontramos terrazas colgadas sobre precipicios en las que se cultivaban los vegetales que habían de alimentar a sus habitantes en una topografía tan adversa.

 La jardinería y la agricultura han estado siempre estrechamente relacionadas: en los jardines de nuestras abuelas, al lado de las matas de margaritas, había nabos y repollos.

El jardín oriental

Dicen que la espiritualidad japonesa tiene su origen en la naturaleza. Quizá sea ésa la razón por la que Japón ha alumbrado a tan grandes jardineros.

El jardín occidental ha sido tradicionalmente un jardín

cuadriculado, organizado de modo geométricamente armonioso, donde las plantas no obran como individuos, sino como componentes de complejos más grandes: unas cuantas plantas forman una bordura, un camino, un cercado. El jardín occidental responde a un modo de ser racional, intelectual, euclidiano, arquitectónico: nuestro jardín forma parte de la arquitectura, y como tal tiene columnas, pavimentos, pérgolas, paredes, puertas. Es la representación del paraíso ordenado a escala humana: es el jardín de las estatuas, donde la presencia humana se manifiesta en cada rincón.

Ahora visitemos un jardín japonés: es el jardín del artista, no del arquitecto. Es el jardín que integra a la vez al ser humano y a la naturaleza, es el jardín que toma una dimensión más allá de lo humano, donde cada planta, cada piedra, tienen un significado. No es un jardín pensado para satisfacer a los humanos, es el jardín de lo divino. El jardín japonés es una experiencia vital, un manifiesto de la inmensidad de la naturaleza y de la pequeñez de los humanos, como se puede ver en los jardines del Kinkaku-ji en Kioto, construidos durante el período Muromachi, donde se incorporaron los conocimientos zen venidos de la India y de China, que conducen a la liberación espiritual. En China y Corea se desarrollaron jardines en los siglos VI y VII de nuestra era, coincidiendo con las dinastías japonesas Asuka y Hakuho; durante estos años, de la mano de monjes budistas procedentes de tierras chinas y coreanas, llegaron a Japón abundantes conocimientos, incluidas las técnicas de jardinería.

Los jardines chinos más antiguos datan de la dinastía Shang, en el siglo XVI a.C. Los jardines chinos adoptaron los principios del *fengshui*, que se sirven de los conocimientos de la tierra y del cielo para definir un modo de vida. Entre los jardines chinos más famosos se cuenta el de Shuzou, en la provincia de Jiangsu, considerado por la UNESCO Patrimonio de la Humanidad. Otro famoso jardín chino es el de Yuyuán, en Shanghái, que data del siglo XVI de nuestra era.

Hoy en día encontramos al gran jardinero japonés Shunmyo Masuno, heredero de la tradición zen y creador de numerosos jardines en Japón, cuya filosofía es crear jardines espirituales. Ha realizado también jardines en Europa, concretamente en Alemania y en Noruega.

El jardín tropical

Los jardines tropicales se originaron obviamente en los trópicos, si bien se han extendido por todas partes debido a la exuberancia de sus plantas y a la posibilidad de adaptar muchas de ellas a zonas templadas, siempre que se rieguen y se tenga buen cuidado de ellas. Reconocidos jardineros han basado su trayectoria en la construcción de jardines de este tipo. Uno de los más conocidos es Made Wijaya, jardinero de origen australiano, que ha diseñado espectaculares jardines en Bali, Yakarta y Singapur.

Con la moda de las plantas tropicales, los interiores de nuestras casas se han convertido un poco en este tipo de paisaje. Las ventajas de los jardines tropicales es que las plantas son tan espectaculares que no necesitan muchos adornos para dar forma a un jardín.

En el norte cuidan mejor las plantas

Por lo general, en España no poseemos ni de largo el conocimiento sobre plantas que demuestran algunos de nuestros vecinos europeos. Si paseamos por cualquier ciudad de Alemania o de Austria disfrutaremos de balcones floridos y de interiores de casas en los que las plantas están por todas partes.

 En los lugares de clima mediterráneo las flores no lucen tanto por dos razones: hay demasiada luz (los colores aparecen paliduchos) y hace demasiado calor (las plantas duran menos).

Existen distintas explicaciones para este hecho. La primera es que en el Mediterráneo hace buen tiempo y se está más en la calle, mientras que en los países más fríos la gente tiende a llevarse la naturaleza al interior de sus casas. Otra explicación podría ser que la jardinería sencillamente no forma parte de nuestra cultura, aunque no sería del todo cierto, pues parece ser que en Occidente la jardinería nació en el Mediterráneo. Sin embargo, existen otras explicaciones. Por ejemplo, en nuestro clima las flores no lucen tanto por dos razones: hay demasiada luz y hace demasiado calor. En el Mediterráneo, la luz hace que los colores aparezcan paliduchos: los mismos geranios rojos brillan más en un balcón de Salzburgo que en un patio cordobés. Por su parte, el calor disminuye la vida de las flores: así, un tulipán en flor en Holanda durará más que un tulipán en Barcelona.

Así pues, nuestros vecinos del norte juegan con ventaja, pero eso nos pasa por querer tener plantas que no son de nuestro clima: ¿a ver cuántas adelfas veis en los jardines de Salzburgo?

¿De dónde vienen las plantas más conocidas?

Entre las plantas más conocidas encontramos ejemplares oriundos de todas partes del mundo; si hablamos de diversidad, las plantas son un buen ejemplo de convivencia. En cada continente encontramos toda clase de climas, y por lo tanto, de plantas que se han adaptado a cada uno de ellos.

Hay una planta muy conocida, el rosal, que es una mezcla de rosales originarios de lugares muy distintos (China, Europa, América) y que se ha ido hibridando, es decir, cruzando diferentes especies, para dar lugar a los rosales actuales:

Rosal *(Rosa sp.)*

Otras, como las orquídeas, también provienen de todos los continentes y existen muchos géneros y especies:

Orquídea (*Phalaenopsis, Cymbidium, Cattleya, Dendrobium,* entre otras)

Plantas del Mediterráneo
Aparte del propio ámbito geográfico del Mediterráneo, existen climas mediterráneos en diversos lugares del mundo:

Chile, California, el sur de Australia y Sudáfrica. Entre las plantas estrictamente mediterráneas encontramos la mayoría de las aromáticas, además de las siguientes que seguro que conocéis:

Ciclamen *(Cyclamen persicum)*
Clavel *(Dianthus caryophyllus)*
Adelfa *(Nerium oleander)*
Jazmín *(Jasminum officinale)*

PLANTAS DE EUROPA CENTRAL
Entre las plantas centroeuropeas más conocidas tenemos:

Pensamiento *(Viola tricolor)*
Lilas *(Syringa vulgaris)*

PLANTAS DE ASIA
De Asia provienen la mayoría de las plantas que pueblan actualmente nuestras casas. Algunas de las más conocidas son:

Ficus de hoja grande *(Ficus elastica)*, de las Indias Orientales
Azalea *(Rhododendron indicum)*, de Japón
Aralia *(Fatsia japonica)*, de Japón
Aucuba *(Aucuba japonica)*, de Japón y China
Crisantemo *(Chrysanthemum morifolium)*, de China
Gardenia *(Gardenia jasminoides)*, de China
Camelia *(Camellia japonica)*, de Japón
Hibisco *(Hibiscus rosa-sinensis)*, del Asia tropical
Hortensia *(Hydrangea macrophylla)*, de Japón y China

Marquesa *(Alocasia odora)*, de Filipinas
Aspidistra *(Aspidistra elatior)*, de China y Japón
Bambú *(Phyllostachys aurea)*, de China y Japón

PLANTAS DE ÁFRICA

¿Sabíais que el famoso tronco del Brasil no proviene de Brasil, sino de África?

Tronco del Brasil *(Dracaena fragans)*, de África tropical
Margarita *(Chrysanthemum frutescens)*, de las Islas Canarias
Hiedra *(Hedera canariensis* o *Hedera helix)*, de las Islas Canarias
Sansevieria *(Sansevieria trifasciata)*, de África tropical
Clivia *(Clivia miniata)*, de Sudáfrica (clima mediterráneo)
Gitanilla *(Pelargonium peltatum)*, de Sudáfrica (clima mediterráneo)
Geranio común *(Pelargonium zonale)*, de Sudáfrica (clima mediterráneo)
Alegría de la casa *(Impatiens walleriana)*, de Tanzania y Mozambique
Zamioculcas *(Zamioculcas zamiifolia)*, de Tanzania y Zanzíbar
Violeta africana *(Saintpaulia ionantha)*, de Tanzania

PLANTAS DE AMÉRICA

Hubo una época en que a las plantas que venían de América se las consideraba muy exóticas, como en su día le sucedió a otros productos americanos, como el cacao, el tomate o la patata.

Clavel de moro o damasquina *(Tagetes patula)*, de México y Guatemala

Poinsetia *(Euphorbia pulcherrima)*, de México y Guatemala

Fucsia *(Fuchsia magellanica)*, de Perú y Chile

Espatifilo *(Spathiphyllum sp.)*, de Colombia

Begonia *(Begonia coccinea)*, de Brasil

Buganvilia *(Bougainvillea glabra)*, de Brasil

Diefembaquia *(Dieffenbachia seguine)*, de México, Guatemala y Costa Rica

Anturio *(Anthurium andreanum)*, de Colombia

Petunia *(Petunia hybrida)*, de Brasil y Argentina

PLANTAS DE OCEANÍA

De Oceanía provienen tres de las plantas más conocidas:

Ficus de hoja pequeña *(Ficus benjamina)*, proviene de Australia

Kentia *(Howea forsteriana)*, de la isla de Lord Howe, Australia

Potos *(Epipremnum aureum)*, de las islas Salomón

Creo que en esta lista he incluido las cuarenta plantas que debéis conocer para poder consideraros jardineros como debe ser. Existen casi cuatrocientas mil especies distintas de plantas, y que se consideren ornamentales, es decir, que se cultiven como plantas de jardinería, más de seis mil.

Pero en el fondo, si preguntáis en la calle qué plantas conoce la gente, la mayoría os van a decir el rosal, el geranio, las margaritas, la petunia, el ficus y el clavel.

4
Las cuarenta principales

Plantas de interior, de exterior, de sol y de sombra
La plantas que debemos conocer para parecer expertos y
dónde las debemos colocar para que nadie ponga en duda
nuestra experiencia.

Cultura vegetal

La palabra «cultura» está directamente ligada al vocablo «cultivo», puesto que «cultura» viene del latín cultus que significa «cultivar la tierra». Parece ser que fue en el siglo XVI cuando este término se amplió para definir el cultivo del conocimiento humano. A lo largo de este libro iré nombrando distintas plantas con usos diversos: comestibles, medicinales, plantas venenosas y algunas que tienen historias curiosas. Sin embargo, las más comunes en la jardinería de nuestras casas son poquitas. En fin, que merece la pena aprender a cultivar esas plantas a la vez que aprendemos a cultivar nuestro intelecto.

Ya hemos visto que las plantas proceden de distintos lugares. Según el clima del que disfrutaban en su lugar de origen y su hábitat natural –por ejemplo, si crecían al sol o a la sombra de plantas más altas–, las podremos poner fuera de casa o bien deberemos tenerlas en interior. Las tropicales deberemos tenerlas dentro de casa, aunque en verano podemos ponerlas en una terraza a la sombra.

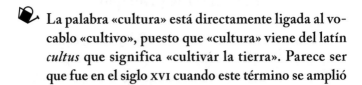 La palabra «cultura» está directamente ligada al vocablo «cultivo», puesto que «cultura» viene del latín *cultus* que significa «cultivar la tierra». Parece ser que fue en el siglo XVI cuando este término se amplió para definir el cultivo del conocimiento humano.

Tradicionalmente, las plantas se pueden clasificar como de interior o de exterior, y estas últimas pueden a su vez separarse como plantas de sol o plantas de sombra. Que una planta sea o no de interior depende únicamente de la temperatura que puede soportar, y no me refiero a la máxima: cada planta tolera unas temperaturas *mínimas*, y por debajo de éstas, la planta se hiela. Por ejemplo, en zonas costeras los ficus viven muy bien en el exterior, a pleno sol o a media sombra; pero si hay una helada de esas que suceden cada quince o veinte años en los climas mediterráneos, se hielan y mueren (bueno, a veces no se mueren del todo, se estropean las ramas o el tronco pero después vuelven a rebrotar).

Tampoco es necesario ser demasiado puristas en cuanto al concepto de «plantas de sombra». En general, lo que esta expresión quiere decir es que normalmente no debe darles el sol del mediodía, pero si son plantas de flor y les da el sol un ratito por la mañana o por la tarde, en general florecen más.

Hay plantas que se las conoce más por sus flores, como la orquídea o la violeta africana, y plantas que se conocen por sus hojas, como los ficus, las drácenas o las kentias, aunque éstas también florecen, si bien sus flores suelen ser pequeñas y poco vistosas.

En general se pueden clasificar las plantas de la manera siguiente:

PLANTAS DE INTERIOR DE FLOR

1. **Orquídea.** Existen muchas clases de orquídeas: las *Phalaenopsis*, de flores más bien planas que crecen a lo largo de un eje floral, de color blanco o rosado, aunque también las hay de color naranja o jaspeadas; los *Cymbidium*, que tienen las hojas muy largas y brotes llenos de flores de colores rosados o amarillentos; las *Cattleya*, orquídeas con flores escasas pero muy grandes y de colores vistosos, o los *Dendrobium*, que tienen varas largas con muchas flores pequeñas y formas variadas.

2. **Violeta africana.** Sus hojas nacen todas ellas de un punto central común, son pequeñas y sus flores, de color lila o rosado, se parecen a las de las violetas.

3. **Espatifilo.** Es parecido a un lirio. Sus hojas, de un tono más bien verde claro, salen de su base y tienen los peciolos largos. La flor es blanca.

4. **Anturio.** Tiene una forma similar a la del espatifilo, si bien sus hojas son más duras, de color verde oscuro, y los lirios suelen ser rojos, aunque también los hay de color rosa, naranja y hasta negro.

PLANTAS DE INTERIOR DE HOJAS

5. **Poinsetia, flor de pascua o pascuero.** Es la flor típica de la Navidad. Las partes rojas no son flores, sino hojas que con los cambios de luz en otoño se vuelven de color rojo. También las hay de hojas blancas o rosadas.

6. **Ficus.** Los ficus se caracterizan por desprender un líquido blanco cuando se les rompe una rama. Es una planta de la familia de las higueras, y de hecho, sus frutos son como higos pequeños. En general, si disfrutan de espacio suficiente se convierten en árboles, pero si los vamos recortando –son plantas que admiten muy bien el recorte– les podremos dar la forma que queramos. Los ficus de hoja pequeña son los *benjamina* y *retusa;* los de hoja grande, el *Ficus elastica*, de hoja entera, o el *Ficus lyrata*, de hoja redondeada con los bordes lobulados muy grandes. El *Ficus deltoidea* posee hojas pequeñas, en forma de gota, y el *Ficus binnendijkii,* hojas alargadas.

7. **Kentia.** Una de las palmeras más conocidas; alta, de hojas de color verde oscuro muy elegante.

8. **Tronco del Brasil.** Una de las drácenas más conocidas, cuyas hojas salen en ramos de un tronco central. Existen diversas especies. Las de hoja pequeña son la *marginata* y la *deremensis*, de hoja más puntiaguda. La *massangeana* es la típica de bandas verdes y amarillas, y la *fragans* generalmente tiene la hoja verde.

9. **Diefembaquia.** Planta de hojas anchas, se caracteriza por tener los bordes de las hojas y las zonas próximas a los nervios de colores verde claro, amarillo o blanco. Existen diversas especies, con hojas grandes o pequeñas y con múltiples manchas o bien con la hoja casi totalmente blanca.

10. **Zamioculcas.** Sus hojas nacen de la base y tienen foliolos de color verde oscuro no muy grandes a lo largo de toda la hoja. Sus hojas crecen muy verticales.

11. **Sansevieria.** Planta crasa, sus hojas nacen rectas hacia arriba desde la base, suelen tener bandas y mostrar un aspecto jaspeado en diversos tonos de verdes y amarillos.

12. **Potos.** Planta trepadora que generalmente se utiliza en interiores como planta colgante, de color verde amarillento y con manchas verdes y amarillas en las hojas.

PLANTAS DE INTERIOR QUE TAMBIÉN PUEDEN ESTAR EN UN
EXTERIOR RESGUARDADO

Algunas **orquídeas** como el *Cymbidium* se adaptan muy bien al exterior, siempre que no hiele; también viven bien en el exterior los **ficus** o las **kentias**.

PLANTAS DE EXTERIOR DE SOL (TODAS SON DE FLOR)

13. **Geranio.** Existen geranios de muy diversos géneros y especies; son un grupo muy amplio de plantas y hay personas que coleccionan tipos distintos de geranios. Los más conocidos son la gitanilla o geranio de hiedra *(Pelargonium peltatum)*, el geranio común *(Pelargonium zonale)*, el geranio de pensamiento *(Pelargonium domesticum)* y la malvarrosa *(Pelargonium capitatum)*.

14. **Clavel.** Hay claveles de flor pequeña, de flor grande y de todos los colores. Se caracterizan por tener muchos pétalos.

15. **Crisantemo.** Tiene flores de colores amarillos, anaranjados o blancos. Los crisantemos forman un matojo, como

las margaritas, y pertenecen a la misma familia que las margaritas.

16. **Margarita.** Generalmente sus flores son de color blanco, aunque también las hay amarillas o naranjas.

17. **Pensamiento.** Pequeña planta de temporada, de flor parecida a la violeta, pero más grande, con todas las tonalidades de amarillos, anaranjados, blancos, azules y violetas.

18. **Clavel de moro o damasquina.** Planta pequeña de temporada con clavelitos de colores amarillos, marrones y anaranjados.

19. **Petunia.** Planta de temporada por excelencia, de campanitas de muy diversos colores: rojos, blancos, amarillos, lilas, azules o de colores combinados.

20. **Rosal.** Dicen que hay más de treinta mil variedades distintas de rosales. Existen grandes coleccionistas de rosales, y hasta se celebran exposiciones y concursos de rosas. Hay rosales silvestres, rosales antiguos, rosales de flor grande, rosales de muchas rosas *(polyanthas)*, rosales trepadores y rosales que son muy grandes y otros minúsculos.

21. **Adelfa.** Arbusto que en las zonas mediterráneas se encuentra en todas las medianeras de las autopistas y en numerosos jardines. Por ello quizás en el Mediterráneo, por estar tan vista, no sea muy apreciada como planta de balcón. En los países del norte, en cambio, estos arbustos les encantan.

22. **Lila.** Es un arbusto de hoja ancha, no muy grande, con pomos de flores de colores blancos o lilas de olor muy perfumado.

23. **Buganvilia.** Planta trepadora que tiene ramos con numerosas flores (en realidad, brácteas, que son hojas modificadas) rosadas, lilas, rojas o anaranjadas; las flores verdaderas son pequeñas y se hallan dentro de las brácteas.

24. **Jazmín.** Planta trepadora, de flores blancas o amarillas, muy fragantes.

Plantas de exterior de sombra de flor

25. **Ciclamen.** La planta más apreciada en invierno y principios de primavera, puesto que vive muy bien en entornos urbanos, tolera la contaminación atmosférica y florece durante una temporada larga. Necesita mucha agua, y eso sí, en el mes de mayo cuando empieza a hacer calor, se seca de golpe; si no tocáis el bulbo que está en la maceta y seguís manteniendo la humedad, os volverá a florecer en el invierno siguiente.

26. **Alegría de la casa.** Planta de flores rojas, blancas o rosas; es de temporada y florece abundantemente.

27. **Fucsia.** Son los llamados «pendientes de la reina»; existen muchas especies distintas, tantas que también hay grandes coleccionistas de fucsias. Tienen el inconveniente de ser bastante sensibles a las enfermedades provocadas por hongos y a las plagas.

28. **Begonia.** Planta bulbosa de la que también existen muchas especies distintas, con flores en todos los colores. No les gustan las aguas calcáreas.

29. **Clivia.** Planta conocida por nuestras abuelas, de lirios de colores rojos y anaranjados; sus hojas son de color verde oscuro y nacen todas de la base de la planta.

30. **Azalea.** Pertenece a la familia de los rododendros, que en el norte de Europa y en América del Norte son también plantas de coleccionistas. En zonas de aguas alcalinas les cuesta vivir bien, pues prefieren aguas no calcáreas y suelos ácidos. Se suele vender como planta de interior, pero es muy sensible a la sequedad provocada por la calefacción y necesita mucha humedad.

31. **Gardenia.** Arbusto de poca altura, tiene unas flores blancas olorosas, las mismas que los hombres se suelen poner en la solapa del traje en las bodas. Prefiere sustratos ácidos y aguas no calcáreas.

32. **Hortensia.** Arbusto de racimos de flores pequeñas agrupadas en unas bolas rechonchas, de colores rosas, rojas, azules y blancas; pierde las hojas en invierno. Florece a la sombra, sin embargo tolera muy bien el sol, de hecho florece más si le da el sol, aunque sus hojas son más amarillentas y sus flores pierden color cuando está demasiado expuesta. Si el sustrato es ácido y se le echa sulfato de aluminio, ¡las flores se vuelven de color azul! Hay otra planta conocida por nuestras abuelas que es la hortensia de invierno *(Bergenia crassifolia);* no tiene ninguna relación con la anterior, pero recibe su nombre por la semejanza entre las flores de ambas; ésta también es otra de las plantas que florece bien a la sombra.

33. **Camelia.** Arbusto grande, de flores de color rosa, rojo, blanco o jaspeadas, que no tolera ni los sustratos ni las aguas calcáreas. Tiene las hojas duras de color verde oscuro.

34. **Hibisco.** Arbusto grande, de campanas grandes de todos los colores. En los lugares fríos pierde las hojas en invierno.

PLANTAS DE EXTERIOR DE SOMBRA DE HOJAS

35. **Aralia.** Arbusto no muy voluminoso de hojas grandes, en forma de palma.

36. **Aucuba.** Arbusto de hojas grandes y verdes, con manchitas de color amarillo en toda su superficie.

37. **Marquesa.** Planta parecida a un lirio de hojas muy grandes, con largos peciolos que salen todas de la misma base.

38. **Aspidistra.** También del tipo del lirio, de hojas muy verdes y verticales.

39. **Bambú.** La planta más amada por nuestros arquitectos. Son cañas que hacen unas hojitas pequeñas. El valor ornamental está sobre todo en las cañas. Existen muchísimas especies distintas.

40. **Hiedra.** Planta trepadora, de hojas verdes o verdes y blancas. Muy típica para cubrir paredes y muros. Si os fijáis bien, tiene una cosa curiosa: las hojas jóvenes son completamente distintas de las viejas, como si se tratara de dos plantas distintas. Hay plantas que poseen esta misma particularidad: toman una forma cuando son jóvenes y otra distinta cuando son adultas, como el ficus trepador (*Ficus pumila*, también conocido como *Ficus repens*).

PLANTAS DE EXTERIOR DE SOMBRA QUE TAMBIÉN PUEDEN ESTAR EN UN INTERIOR FRESCO

Si disponemos de un interior fresco, podemos poner el **ciclamen**, la **azalea**, la **aralia**, la **aucuba**, la **gardenia**, la **marquesa**, la **aspidistra** o la **begonia**.

5
Mi vecino la tiene más grande

Observación, trasplante, sustratos, macetas y jardineras
¿Por qué, hagamos lo que hagamos, las plantas de nuestro
vecino siempre están más bonitas que las nuestras?

Las plantas del vecino

Desde mi casa veo dos balcones que están uno al lado del
otro, uno con unos geranios exuberantes, que florecen todo el
año, y el contiguo, con unos geranios raquíticos que cuando
llega el otoño empiezan a tener el aspecto de una mancha de
color marrón. Me da pena pensar que estando al lado estas
personas no sean capaces de intercambiarse ni la más mínima
receta de cómo cuidar sus plantas. Suelo mirarlos a menudo,
pues se trata de un fenómeno bien curioso: ¿por qué hay personas a quienes les viven las plantas y otras a quienes les mal-
viven e incluso se les mueren? Yo creo que sólo tiene una explicación, o dos: la constancia y la sensibilidad.

Quizá sea que en mi caso pienso demasiado, mientras que
el que tiene mal las plantas ni se fija en las de su alrededor, o

sencillamente se resigna y dice aquello de «A mí se me mueren las plantas» y con esa frase justifica la fatalidad de sus vegetales y su torpe afición.

Lo primero que debemos hacer para mejorar el estado de nuestras plantas es reconocer que tenemos un problema. Si ya es difícil aceptarlo con nuestros propios hijos, con las plantas se convierte en un trabajo casi titánico; quiero decir que hay padres que pese a que sus hijos lo suspenden todo, son maleducados y no tienen ninguna gracia, los ven como si fueran angelitos.

Existe un lenguaje universal para determinar cómo nos ven los demás: cuando paseamos orgullosos a nuestro bebé por el barrio, los vecinos (sobre todo las vecinas) sueltan frases del estilo «Qué guapo es este niño» o «Qué bebé más precioso», pero cuando sueltan aquello de «Qué niño tan simpático», podéis tener claro que no le encuentran ninguna gracia, aunque no siempre es culpa de los niños, y las vecinas no siempre tienen los mismos estándares de belleza... Bien, si eso pasa con los niños, en lo que a plantas concierne las vecinas ni se atreven a hablar, y se limitan a guardarse los comentarios para casa: «¿Has visto lo dejado que es el vecino?», y con frecuencia no se limitan a las plantas, incluyen los trastos en el balcón, la escasez de limpieza y otros defectos que están relacionados con lo que decía antes de la constancia y la sensibilidad.

¿Verdad que no saldríamos a la calle con la blusa llena de manchas? Pues si tanto cuidado tenemos con la limpieza y la estética personal tampoco deberíamos enseñar las plantas muertas en nuestros balcones. Una vez escribí esto en un artículo de un diario y un señor me replicó que su mamá era limpia, guapa, elegante y pulida y se le morían todas las plantas, y en cambio, su suegra, que era fea, sucia y descuidada, tenía las plantas preciosas. Pensé que era amor de hijo, a ver: ¿quién ve a su madre más fea que a su suegra?

¿Por qué las plantas del vecino crecen más?

Si hemos sido capaces de reconocer que tenemos un problema, debemos concentrarnos en las plantas del vecino. Podemos hacer un ejercicio muy fácil: ¿su balcón o terraza tiene la misma orientación que el nuestro? Si es así, no pongáis excusas; miremos qué plantas le viven bien e intentemos empezar con las mismas.

Mi padre tenía un amigo médico, de aquellos hombres trabajadores, responsables y estudiosos que tenía tres hijos que eran un desastre y lo suspendían todo. Un día, cuando yo era pequeña, oí que un día el amigo le decía a mi padre «Es que son tan tontos que no saben ni copiar»; con los años lo fui entendiendo, pues entonces pensé eso de copiar no estaba bien, pero es que lo vamos a tener muy mal si no sabemos ni imitar a los que hacen las cosas bien.

 Para saber qué les pasa, debemos observar bien nuestras plantas: si la forma de las hojas es en todos los casos la misma o alguna está deformada; si el color es verde uniforme o tiene manchas, o si es más apagado en la base; la forma general de la planta, si está equilibrada, o si algunos trozos parecen crecer más que otros; si hay insectos... Todo ello son pistas que ayudan a ver si algo no va bien.

Pongamos el ejemplo de mis dos vecinos de enfrente: los balcones están orientados exactamente igual, a la misma altura. Lo más fácil sería para el «malo» preguntar al «bueno» qué hace y seguir sus pautas. Pero entiendo que normalmente nos avergoncemos de reconocer nuestra escasa pericia; por ello, os voy a dar unos consejos para que no quedéis en evidencia.

Estoy segura que aquel a quien le viven las plantas las mira más a menudo y se preocupa por su aspecto. Pues ya sabéis: lo que tenéis que hacer es mirar vuestras plantas. Eso no significa que mirándolas las plantas vayan a cambiar; lo que cambiará será vuestra manera de verlas. Tenemos que observar, analizar los matices: la forma de las hojas, ver si todas tienen la misma o hay alguna deformada; el color, si es verde uniforme o tiene manchas, o si es más apagado en las hojas de las puntas de las ramas o en las de la base de las ramas; la forma general de la planta, si está equilibrada, o si algunos trozos parecen crecer más que otros; si hay insectos –en tal caso, mirad de cerca, a ver si hay arañitas, mosquitas o pulgones–; si las hojas están más lacias que la semana pasada, o se enroscan o están fofas. Debéis buscar síntomas de que algo no va bien: agujeros, galerías, colores, quemaduras o texturas distintas, y un etcétera tan largo que estoy segura que me vais a decir que para qué mirar tanto si total no vemos nada.

Esto es como cuando se nos para el coche y levantamos el

capó con la esperanza de que sólo con mirar el motor éste se arregle por arte de magia... pero no es exactamente lo mismo, porque el motor, a menos que tenga fuego, humo o carbonilla, visto desde arriba parece igual tanto si funciona como si no. Pero las plantas son seres vivos, y como tales tienen matices, como las personas, que podemos tener cara de cansados, de sueño, de enfermos, de salud o incluso de enamorados, de resfriados o hasta de sufrir del hígado.

Así que, poco a poco, vuestra planta «copiada» del vecino os irá explicando por sí misma lo que le pasa.

También es importante que miréis al vecino: qué hábitos tiene con respecto a sus plantas. ¿Las riega cada día, cada semana, les pone abono? ¿Las somete a algún tratamiento para eliminar las enfermedades? Venga, que no cuesta tanto preguntarlo, aunque, lo repito, si no os atrevéis, entonces deberéis seguir escrupulosamente los consejos que os voy dando.

También están las cosas que no se ven: lo que pasa dentro de la maceta, es decir, en las raíces. La salud de las raíces tiene incluso más importancia que lo que pasa fuera. ¡En este caso sí que deberéis independizaros del experto vecino y asumir vuestras propias responsabilidades!

¿Qué pasa dentro de la maceta?

Dentro de la maceta tenemos las raíces, que son la estructura que utilizan las plantas para anclarse y proveerse de nutrientes y agua. El sustrato, que es la tierra que ponemos dentro de las macetas, tiene diversas funciones: aguantar la planta, es

SILVIA BURÉS

decir, que esté derecha y no se caiga, y proporcionar el agua, el oxígeno y los elementos nutritivos a las raíces. Si os fijáis, los sustratos que se utilizan en jardinería suelen ser muy porosos y esponjosos; de ese modo el aire cargado del oxígeno que la raíz necesita penetra bien, porque las raíces respiran. El agua y los fertilizantes los debemos poner nosotros. En la naturaleza, las plantas alargan sus raíces hasta los lugares más húmedos y con más nutrientes, pero dentro de la maceta, si no lo ponemos nosotros, la pobre planta no puede hacer nada.

Lo que debéis tener claro es que si las plantas de nuestro vecino son más bonitas, tendrán las raíces más sanas. Aparte de regar, abonar y poner las plantas en un lugar con luz y temperatura adecuadas, dentro de la maceta ocurren una serie de cosas que deberemos controlar. Primero, debemos asegurarnos de que el sustrato sea el adecuado para nuestra planta (las plantas provenientes de un vivero ya suelen llevar el sustrato adecuado), y segundo, tenemos que ver si las raíces cuentan o no con espacio suficiente; si no lo tienen, deberemos trasplantar.

¿Cuándo hemos de trasplantar?

Las plantas deben guardar cierta proporción entre la parte aérea y la subterránea, pero casi todas ellas, si les añadimos a menudo los abonos y el agua necesarios, pueden vivir en tiestos muy pequeños. Sin embargo, si vemos que la tierra queda demasiado dura, que si rascamos su superficie encontramos enseguida las raíces o la planta se nos cae cada vez que hay una corriente de aire, ha llegado el momento de cambiarla de maceta. No es necesario poner una maceta muy grande, con una que tenga un diámetro uno o dos centímetros más que la maceta anterior es suficiente.

¿Qué sustrato pongo?

En el mercado encontraréis sustratos para todo tipo de plantas: para cactus, para plantas de exterior, para rosales, para orquídeas, para coníferas, para plantas de huerto, para plantas de interior, para bonsáis, etc. Así que lo más sencillo es poner a cada planta el sustrato que necesita. Pero si tenéis que trasplantar plantas de distintos tipos, también podéis recurrir a un sustrato universal, que está preparado para cubrir las necesidades de casi todas las plantas.

Hay algunos sustratos especiales, como la tierra de castaño, que es ácida. Se utiliza para un tipo muy concreto de plantas que se llaman acidófilas, que significa que les gusta la tierra ácida. Son las hortensias, camelias, gardenias, begonias y la mayoría de las plantas de interior.

 En el mercado encontraréis sustratos para todo tipo de plantas: basta con pedir el que cada planta necesita. Pero si tenéis que trasplantar plantas de distintos tipos, también podéis recurrir a un sustrato universal, que está preparado para cubrir las necesidades de casi todas las plantas.

Los sustratos para plantas ornamentales suelen ser mezclas de diversos productos que les dan propiedades distintas. Entre los materiales más conocidos está la turba, procedente de turberas del norte de Europa, de Canadá o del extremo sur de Argentina y Chile, que son depósitos naturales de musgo seco. La turba es quizás el sustrato más utilizado, aunque los movimientos ecologistas están en contra de su extracción, pues se trata de un recurso no renovable a corto plazo. La turba es muy porosa y retiene mucha agua, pero si la dejamos secar, cuesta mucho volverla a humedecer y es mejor mezclarla siempre con otros componentes. Otro de los materiales que se utiliza es la fibra de coco, que proviene de la cáscara del fruto del cocotero y es un subproducto de la industria del coco. Del coco, como del cerdo, se aprovecha todo; aparte de la pulpa, que se utiliza en pastelería, se obtienen numerosos tejidos, alfombras y mallas de la fibra larga. La fibra corta es la que se utiliza como sustrato de cultivo. Es un producto bien aireado y que retiene suficiente cantidad de agua. Otro de los componentes principales de los sustratos es el compost, que proviene del reciclaje de restos orgánicos, principalmente vegetales, como los procedentes de poda de árboles, que una vez triturados y bien compostados se convierten en este producto, que se utiliza para dar consistencia a los sustratos.

También se utilizan otros productos en la composición de los sustratos, por ejemplo, ¿habéis visto algunas veces unas bolitas blancas en los tiestos?, pues se trata de la perlita, un mineral volcánico que se expande con tratamientos a alta temperatura y que sirve para airear los sustratos. A veces también se les añade arcilla, que ayuda a retener bien los nutrientes y los dosifica de modo natural, o bien arena, que hace que los sustratos sean más pesados y se utiliza principalmente en plantas de exterior, pues si el sustrato es pesado no resulta tan fácil que el viento vuelque las macetas.

¿Cómo trasplanto mi planta?

No debéis tirar nunca de la planta hacia arriba, o romperíais las raíces. Lo que tenéis que hacer es tomar el tiesto con una mano y girarlo hacia abajo, aguantando la planta por su base con la otra mano. Golpead ligeramente el canto de la maceta sobre una superficie dura, hasta que el cepellón se desprenda naturalmente. Tened mucho cuidado que no se os rompa el cepellón, para no dañar las raíces.

Tomad una maceta de un tamaño mayor y sobre todo, cercioraos de que tenga agujeros en la base. Con el fin de que no se os vaya el sustrato por los agujeros es conveniente poner una capa de unos dos centímetros de gravilla y poner el nuevo sustrato encima. Colocad el cepellón dentro de la maceta y acabad de cubrirlo con el sustrato, apretando con los dedos alrededor del cepellón para que el sustrato se asiente.

 No tiréis nunca de la planta hacia arriba, o romperíais las raíces. Tomad el tiesto con una mano y giradlo hacia abajo, aguantando la planta por su base con la otra mano.

Una vez hayáis trasplantado la planta, si el sustrato no está abonado (lo pone en el envase) deberéis poner una cucharadita de abono, de las de café pequeñas, y regar bien de inmediato. (¡Sobre todo no olvidéis regarla!)

Un consejo: si queríais trasplantar la planta para cambiarla de sitio, durante la semana posterior al trasplante dejadla donde estaba; no hagáis todos los cambios a la vez, las plantas siempre sufren un poco cuando se les toca las raíces.

Tipos de macetas y jardineras

Hay macetas y jardineras de todos los tamaños y materiales, y todas ellas funcionan bastante bien; pero tenéis que saber ciertas cosas: por ejemplo, que si les da el sol, las macetas de color negro se calientan más que las blancas, con lo que corremos el peligro de quemar las raíces. Las macetas de barro suelen ser más frescas, ya que el agua se evapora por los poros de la cerámica refrescando el sustrato y son, pues, adecuadas para zonas muy soleadas. Las macetas metálicas también se calientan mucho con el sol.

 Para plantas de interior es preferible utilizar macetas y jardineras de plástico, no tanto por las plantas, que les da igual, sino por los muebles, pues la cerámica transpira y con la humedad lo más seguro es que nos deje círculos en los muebles de madera o en el parquet.

Para plantas de interior es preferible utilizar macetas y jardineras de plástico, no tanto por las plantas, que les da igual, sino por los muebles, pues la cerámica transpira y con la humedad lo más seguro es que nos deje círculos en los muebles de madera o en el parquet. Existen jardineras con un depósito de agua incorporado; son las hidrojardineras, las más prácticas para las plantas de interior que queramos poner en el suelo, ya que no dejan ir el agua, y como disponen de reserva, podemos regarlas con menos frecuencia (aunque yo aconsejo regarlas cada quince días, porque las plantas lo agradecen). La principal ventaja es que si nos vamos de vacaciones, basta con llenar el depósito para que cuando volvamos nos encontremos las plantas tan bien como cuando nos fuimos.

¿Cómo calculamos la cantidad de tierra que necesitamos?

Para saber cuánta tierra vamos a necesitar para llenar la maceta o jardinera podéis hacer cálculos matemáticos para determinar el volumen (el volumen de un cubo, de un tronco de cono, etc.), pero también os lo voy a poner fácil para que no tengáis que hacer cálculos.

Las macetas tienen formas muy variadas, aunque las más corrientes son cónicas o cúbicas. La cantidad de sustrato que necesitamos se mide en litros. En general, para una maceta pequeña bastará con una bolsa de cinco litros, para una maceta mediana, con un saco de veinte litros, y para una maceta grande, necesitaréis un saco de cincuenta litros.

Deberemos comprar en general un poco más de sustrato del que estrictamente necesitamos, pues el sustrato se contrae al apretarlo y regar. Sin embargo, si trasplantáis plantas que ya están en macetas, debéis tener en cuenta que el cepellón ocupa cierto volumen, y como lo dejaremos intacto una cosa irá por la otra.

6
¿Y ahora qué hago?

Problemas fisiológicos, problemas de nutrición, enfermedades y plagas, limpieza

Mi planta tiene síntomas de «no sé qué». Hojas amarillas, hojas que caen, hojas con las puntas quemadas, manchas de todas clases... ¿Qué significa eso y qué tenemos que hacer?

Mis plantas tienen mal aspecto

Puede pasar que en el proceso de observar nuestra planta veamos que algo no acaba de funcionar. Si supiésemos interpretar los síntomas podríamos tener idea de qué le ocurre. Básicamente pueden pasar tres cosas: un problema fisiológico (asfixia, sequía, quemaduras solares, frío), un problema de nutrición (exceso o falta de nutrientes), o bien una enfermedad o una plaga (hongos, bacterias, pulgones, etc.). A veces los síntomas nos pueden confundir, pero intentaré que sea sencillo.

No es necesario que nos convirtamos todos en médicos de plantas, ni que tengamos un botiquín lleno de productos para cada mancha vegetal. Las plantas poseen una gran ventaja que no tienen los animalitos: les podemos cortar un pedazo y no pasa nada. Si vemos una mancha o una rama atacada por insectos, la cortamos y ya está; es el mejor modo de prevenir las enfermedades, estando atentos a los cambios en las plantas.

Problemas fisiológicos

Los podremos identificar porque aparecen de golpe; por ejemplo, una enfermedad estropea las plantas poquito a poco, pero una helada las mata de golpe. Las señales más frecuentes son:

- La planta se marchita de golpe y las hojas se tumban hacia abajo: a la planta le falta agua. Si dejamos pasar demasiado tiempo, no podremos recuperarla aunque la reguemos.
- La planta se vuelve amarilla de golpe: exceso de agua, seguramente la maceta no drena bien y el agua se nos acumula.
- La helada es un síntoma fácil de detectar, puesto que enseguida notaremos que hace frío. Si hiela y la planta de repente se nos queda blanducha es que se nos ha helado. Después de blanduchas, las hojas se vuelven negras. Si el tronco también está negro, la podemos dar por perdida.
- La quemadura también es de fácil predicción: si teníamos la planta a la sombra y un día la sacamos al sol y las hojas se nos quedan como plateadas y blandas es que se han

quemado; si la volvemos a poner a la sombra perderemos las hojas quemadas, pero recuperaremos la planta.

Problemas de nutrición

La falta de nutrientes no mata a las plantas de repente, sino poco a poco. Sin embargo, las podemos matar de golpe si:

- Ponemos un producto tóxico, por ejemplo, lejía.
- Ponemos demasiado abono. Si nos pasamos en la dosis podemos quemar la planta de modo fulminante.

La salinidad se pone de manifiesto a través de quemaduras que van apareciendo poco a poco en las puntas de las hojas. Muchas de las plantas de interior acaban sufriendo síntomas de salinidad porque cuando regamos, para no ensuciar el suelo, ponemos poca agua, de modo que las sales se van acumulando en el sustrato. Conviene regar de tanto en tanto con mucha agua para lavar bien el sustrato. En muchos lugares existe la costumbre de sacar las plantas a la calle para que se rieguen cuando llueve; esto está muy bien si hace calor. En invierno, lo único que vamos a conseguir es que se nos hielen; es mejor recoger el agua con un cubo y utilizarla para regar. Pero si vivís en una ciudad, tened en cuenta que con el agua de lluvia, de paso vais a recoger toda la contaminación atmosférica.

Los nutrientes cuya escasez provoca deficiencias son:

- Nitrógeno. Las hojas más viejas de la base de la planta se vuelven primero de un color verde más clarito, después amarillas y al final caen. Las plantas van creciendo cada vez menos y las hojas nuevas son cada vez más pequeñas. No queda otra que ponerles abono.
- Hierro. Las hojas más jóvenes empiezan a volverse amarillentas en las zonas entre los nervios, y éstos destacan con un color verde más intenso. Suele haber carencia de hierro cuando las aguas son muy calcáreas. Además de añadir un abono que contenga hierro, probad a regar durante unos días con otra clase de agua, de botella o destilada.

Enfermedades y plagas de las plantas

La mayoría de las enfermedades están provocadas por hongos. Los hay de muchas clases, pero los que podemos tener con más frecuencia en casa o en la terraza son básicamente tres:

- Oídio. Aparece en plantas como el rosal, y se caracteriza porque las hojas se cubren de una ceniza blanquecina. Suele aparecer con el calor y si se mojan las hojas. Lo mejor es no mojar las hojas de las plantas.
- Podredumbres en las hojas. Están causadas por un hongo que se denomina *Botrytis,* que aparece en plantas situadas en la sombra o en lugares frescos con mucha humedad. Os doy el mismo consejo: no reguéis en exceso y no mojéis las hojas.

- Podredumbres en las raíces. Se derivan de hongos como el *Pythium* o la *Phytophtora*, aparecen cuando se riega en exceso; las raíces se vuelven de color negro. Haced los riegos más espaciados y dejad secar el sustrato entre riegos.

Si la planta sufre ya la enfermedad, lo mejor es recortar las zonas afectadas y aplicar un producto fungicida, que encontraréis en establecimientos de jardinería.

También existen plagas de todas clases. Las más frecuentes son:

- Pulgones. Son insectos pequeños, que pueden ser de diversos colores, negros, marrones o verdes, y que se apretujan en los extremos de las ramas. Los encontraréis en plantas como el rosal, en las puntas de los brotes nuevos.
- Cochinillas. Son costras oscuras o blancas y peludas que se posan en las hojas, sobre todo en palmeras y limoneros, y que chupan la savia de las plantas. Podéis eliminarlas a mano con un algodón impregnado en alcohol.
- Trips. Son insectos casi microscópicos y que por tanto difícilmente se ven a simple vista. Se mueven entre las capas de tejidos verdes de las hojas, haciendo galerías muy características que dejan las hojas transparentes, puesto que se comen los tejidos de su interior.
- Arañas rojas. Son unas arañitas, o ácaros, minúsculas que se encuentran en la parte inferior de las hojas. Las reconoceréis por sus pequeñas telarañas.
- Mosca blanca. Es una mosquita de color blanco muy pequeña que habita en la parte inferior de las hojas y se

come la savia. Cuando tocamos la planta, las mosquitas salen volando como si fuesen una nube; son muy molestas.

– Mariposa del geranio. Es una plaga que ataca mucho a los geranios desde finales de los años ochenta y que está acabando con la paciencia de muchos aficionados a la jardinería, pues resulta muy difícil eliminarla. La oruga de esta mariposa cava unas galerías dentro de los capullos y cuando acaba con las flores se come también los tallos.

Para combatir estas plagas podéis emplear productos insecticidas, aunque lo mejor es favorecer la diversidad: cuando se combinan plantas de varias clases, también ayudamos a que se instalen insectos beneficiosos que se alimentan de los que forman la plaga. No obstante, cuando encontréis una de estas plagas, cortad las ramas dañadas, es el mejor modo de no dejar que se extiendan.

 La mayoría de las enfermedades están provocadas por hongos, y las más frecuentes son las podredumbres. Hay también plagas de todas clases, pero las más frecuentes son: el pulgón, la cochinilla, los trips, araña roja, la mosca blanca y la mariposa del geranio.

Otra de las plagas molestas, aunque no es exactamente mala para las plantas, son las mosquitas de la tierra, unos bichitos de color marrón que salen del sustrato. Aparecen cuando hay demasiada humedad. Por lo tanto, si invaden la planta deberéis regarla menos y dejar secar bien el sustrato entre riegos; de este modo desaparecerá.

Existen insectos que son beneficiosos porque se comen a los que son plagas de plantas; por ejemplo, la mariquita, que se alimenta de pulgones, ácaros y cochinillas. Así pues, si veis mariquitas en vuestro balcón, no las toquéis, puesto que constituyen un modo natural de combatir las plagas. De hecho, en agricultura se utilizan insectos para combatir las plagas de los cultivos; es lo que conocemos como control biológico de plagas.

Plantas que no necesitan tantos cuidados

Existen muchas plantas que son resistentes a la mayoría de enfermedades y plagas. Para los que todavía no seáis muy expertos, entre las plantas de más fácil cuidado están, como plantas de interior, la drácena, la zamioculcas y el potos. Como plantas de exterior, entre las fáciles se cuentan el ciclamen, la adelfa, la aralia, la aucuba, el ficus de hoja pequeña o la aspidistra. Es mejor comenzar con alguna de estas plantas para practicar; si optáis por plantas muy sensibles a las enfermedades, como los rosales o los geranios, os vais a complicar la vida. El geranio había siempre sido una de las plantas más conocidas y comunes, pero ahora, desde que apareció la mariposa, la gente los está aborreciendo. En los países africanos de donde proviene la plaga, estas mariposas cuentan con depredadores naturales que se las comen, pero aquí no hay depredadores, por eso es tan difícil eliminarlas.

Mi planta está torcida

Podría pasar que un día miremos nuestra planta y la veamos torcida. Las plantas se inclinan hacia la luz. Es un fenómeno curioso que tiene relación con las hormonas de las plantas. Sí, lo habéis oído bien: las plantas, al igual que los animales, tienen hormonas, que son sustancias que regulan su crecimiento, la floración, la fructificación, la caída de las hojas o la resistencia al frío. Bien, pues existen hormonas que se denominan hormonas de crecimiento y son muy sensibles a la luz. Cuando el sol da sólo a un lado de la planta, la hormona se desplaza hacia la zona oscura, y como hace crecer los tejidos vegetales, la parte oscura se alarga más, con lo cual la planta se inclina hacia la luz.

El remedio es tan simple como ir girando la planta de vez en cuando, así el crecimiento quedará repartido.

¿Cómo debo limpiar las plantas?

Si queremos presumir de plantas, debemos conservarlas limpias, porque en casa si no se limpian acaban llenas de polvo y dejan de ser atractivas, y además se vuelven más propensas a las enfermedades.

Para limpiar las plantas el sistema es muy simple: tomad un trapo delgado de algodón y agua a temperatura ambiente y pasadlo por las hojas sin rascar ni frotar. No es necesario pasarlo por debajo de las hojas. La parte inferior es más delicada, porque es donde están los estomas, poros microscópicos por los que tiene lugar el intercambio de gases durante la fotosíntesis.

De vez en cuando, llevadlas a la bañera y duchadlas bien; con agua tibia quedarán brillantes y limpias.

7
Todo acaba bien si bien empieza...

Cómo seleccionar una planta, dónde ponerla, luces artificiales, herramientas, accesorios y riego
Hala, que a los niños les compramos el cochecito, la cunita, muñequitos de peluche y toda clase de accesorios. ¿Y la pobre planta qué? Las plantas también necesitan accesorios especiales. Pero si no nos aseguramos de que las plantas que compramos están bien, lo tenemos difícil.

Vamos de compras

Ahora que ya sabemos un poquito, podemos decidirnos a comprar una planta. Pero ¿cómo vamos a escogerla? ¿Cómo sabremos si la planta está bien o no? Si cuando en la tienda nos vean la cara de pardillos ¡seguro que nos enredan!

Bueno, pues lo primero que debéis practicar es poner cara de saber mucho de plantas. Si dejáis ir alguna frase del estilo «Esta puntas secas seguro que tienen relación con un problema de salinidad del agua de riego» o «Las hojas parecen marchitas, debe haber sufrido por falta de riego» y lo decís con el convencimiento y contundencia suficientes, seguro que os enseñan las plantas más bonitas de la tienda. Hay muchos falsos expertos en plantas, pero como los de la tienda no saben si lo sois de verdad o no, delante de la duda optarán por la prudencia y os harán caso. Por favor, antes de hacer comentarios sobre una planta, leed bien la etiqueta, ¡no sea que metáis la pata y os acaben viendo el plumero!

Cuando tengáis la planta delante, haced como que la estudiáis bien, sobre todo que os vean que la miráis con detalle (aunque no veáis nada), intentad detectar manchas, hojas deformadas, insectos, mirad la maceta, tocad la tierra, alejaos de la planta y mirad la forma, giradla un poco y volvedla a mirar. Vaya, supongo que si la miráis tanto ¡al final escogeréis una que no esté torcida, ni marchita, ni llena de mosquitas!

> **Lo más importante es que la planta esté sana. Observadla con atención: procurad detectar manchas, hojas deformadas o insectos, mirad la maceta, tocad la tierra, mirad su forma... ¡Al menos, que no esté mustia!**

Lo que os quiero decir es que lo más importante es que la planta esté sana. Si ha tenido problemas durante el transporte y el almacenaje en la tienda tendréis todos los números para que la planta acabe mal.

Si prevéis que hará falta cambiar la planta a otra maceta o la queréis poner en una jardinera recordad que además del recipiente necesitaréis tierra, gravilla para el drenaje y abono, claro. Acostumbraos a comprar abono cuando adquiráis una planta. Seguro que si fueseis a comprar un pez o una tortuga también compraríais comida, ¿no es verdad?, pues para la planta, lo mismo.

Cuando la hayáis comprado tendréis que ponerla en el coche y luego sacarla. Dejaos aconsejar en la tienda; lo mejor es que os proporcionen una bolsa para que las hojas queden recogidas y no se rompan, sobre todo si se trata de una planta grande. Las hojas las debéis poner de manera que si las tenéis que arrastrar sobre el asiento del coche o en el maletero nunca las toquemos de arriba hacia abajo, sino de abajo arriba.

Cuidado con el transporte hasta casa: ¡muchas veces podemos matar la planta antes de llegar! Si es verano, no dejéis el coche aparcado al sol con las plantas dentro, porque os las vais a encontrar fritas cuando las saquéis, y vigilad también que durante el viaje no les dé el sol, sobre todo si no son plantas de sol. En invierno deberéis procurar no exponerlas al frío durante el viaje, y si son plantas de interior, cuando lleguéis a casa no las dejéis en el balcón, sino dentro.

Si la planta viene envuelta, no bajéis el envoltorio en dirección a la base de la planta, se debe sacar por arriba. Si es necesario cortad la bolsa con unas tijeras.

Al llegar a casa, antes que nada, regadla —muchas veces en las tiendas no están bien regadas— y ponedle abono.

La planta no es sólo un objeto de decoración y aunque, por ejemplo, nos encantaría tener una planta en el recibidor de casa, si no hay luz natural, no hace falta que perdáis el tiempo; pero podéis hacer otra cosa: ponerle luz artificial. Con los accesorios adecuados, ¡podemos empezar!

Herramientas

Aunque existen herramientas de todas las clases y tamaños, a medida que os vayáis convirtiendo en grandes expertos podréis especializaros, pero para empezar no es necesario. Sin embargo, hay dos herramientas de las que no podéis prescindir: las tijeras de podar y una pala pequeñita para remover la tierra. Es evidente que podéis utilizar unas tijeras para las uñas para cortar las plantas, pero dejaréis las tijeras y la mano en el intento. Las tijeras de podar son fuertes y tienen el tamaño adecuado para cortar los tallos duros de las plantas.

En lugar de la pala podríais utilizar una cuchara, pero también en este caso os exponéis a perder la cubertería en el intento, así que es mejor que utilicéis una de las palas que se han inventado para remover la tierra y hacer agujeros para plantar.

Accesorios

También podéis regar las plantas con una botella de agua vacía, pero lo normal es tener una regadera en casa, y para ser más prácticos, dos: una grande para las plantas de exterior y las grandes de interior, y una pequeña, de caña estrecha, para el resto de plantas de interior. Os lo digo sólo por cuestiones prácticas: si la regadera es demasiado pequeña tendréis que hacer demasiados viajes al grifo y os vais a aburrir, y si la regadera es demasiado grande, cuando reguéis las plantas pequeñas salpicaréis todos los muebles, los tendréis que limpiar y también os cansaréis.

Luz artificial

Si hay luz podemos poner plantas en cualquier parte; pero si no, tendremos que recurrir a luz artificial especial para plantas. Es una solución que deberéis considerar si vuestra casa es oscura, o si queréis poner plantas en lugares que suelen recibir poca luz, como el recibidor o el baño. De hecho, cualquier bombilla situada cerca de una planta mejorará su iluminación en un lugar en el que reciba medianamente luz natural; pero si lo que queréis es cultivar la planta en un lugar donde no haya nada de luz natural, tendréis que emplear luces especiales para plantas. Las plantas absorben luz roja y azul; la luz roja controla principalmente la floración, así que será importante para las plantas de flor; la luz azul, por su parte, controla sobre todo el desarrollo de las hojas.

 Las plantas absorben luz roja y azul; la luz roja controla la floración, y será importante para las plantas de flor; la luz azul controla el desarrollo de las hojas.

Las bombillas incandescentes normales dan sobre todo luz roja y no proporcionan suficiente luz para que una planta crezca, y además calientan demasiado; los tubos fluorescentes dan más luz, y además ésta es de las dos clases que las plantas necesitan, aunque tienen menos luz roja. Si combinamos fluorescentes y bombillas la calidad de la luz será mejor. También están las bombillas especiales para iluminar plantas, que combinan exactamente las dos clases de luz que éstas necesitan. Se necesitan unos doscientos vatios por cada planta de tamaño grande. Las luces se deben situar unos cuarenta centímetros por encima de la planta. La mayoría de plantas quieren entre dieciséis y dieciocho horas de luz al día, por lo tanto, es más práctico si compráis un temporizador, así no os tendréis que preocupar de encender y apagar las luces.

Hoy en día se están desarrollando luces LED también para la iluminación de las plantas; estas luces tienen la ventaja que permiten controlar bien el espectro de luz, duran más, no se calientan y consumen menos energía.

Riego

Para ponernos las cosas más fáciles también se ha inventado el riego automático. El más adecuado para terrazas es el riego localizado, que consiste en un aparato que hace que el agua caiga gota a gota (goteros) o bien que se difunda a través de un pequeño difusor que echa agua sólo donde está la planta. No podemos poner aspersores en las terrazas, puesto que regaríamos más fuera que dentro de las macetas y además gastaríamos demasiada agua. El riego por goteo nos permite aplicar a cada planta justo el agua que necesita.

Para instalar un sistema de riego por goteo en nuestra terraza o balcón deberemos saber qué presión de agua tenemos, cosa que podemos preguntar a la empresa suministradora de agua o bien utilizar un manómetro para mirarlo directamente en el grifo. Necesitaremos también un programador de riego; los hay de muchas clases distintas y su programación es muy sencilla. Suelen funcionar con pilas, y nos permiten escoger cuándo regar y durante cuánto tiempo. Es importante poner un filtro para que las impurezas del agua no obturen los goteros o difusores.

8
Algunas son especiales

Bulbos, bonsáis, cactus, orquídeas, palmeras, helechos, bromelias, plantas carnívoras

Todas las plantas son distintas, pero algunas tienen características parecidas y nos permiten ponerlas a todas en el mismo paquete. Y cada una también puede ser especial.

Plantas especiales

Entre las plantas que podemos cultivar en nuestro piso de un modo sencillo y que además podemos agrupar por sus necesidades particulares encontramos los bulbos, los bonsáis, los cactus, las orquídeas, las palmeras, los helechos, las bromelias o las plantas carnívoras.

Que algo sea especial hace a la vez que sea distinto, pero en esta vida hay de todo y para todos los gustos. Hay personas aficionadas a coleccionar cosas; hace unos años, había expertos coleccionistas de mariposas, minerales, fósiles, sellos, monedas... ahora las cosas van cambiando y las colecciones son menos intelectuales. Pese a que todavía se coleccionan fotos, películas o música, las colecciones actuales son más etéreas: amantes, experiencias, vivencias; el afán del coleccionista, que generalmente es una persona persistente, individual y reservada, puede encontrar su afición en las plantas. Aquí tenéis algunos ejemplos para entreteneros sin peligro.

Los bulbos

Las plantas bulbosas son aquellas que tienen órganos subterráneos latentes y que cuando llega la época adecuada generan la nueva planta, pese a que no sean bulbos de verdad. De hecho existen cincos clases distintas de especies bulbosas: los bulbos, como la cebolla (porque las cebollas comestibles son bulbos, es decir, son hojas subterráneas); los cormos, que son como los bulbos pero en lugar de tener hojas subterráneas son sólidos; los tubérculos, tallos subterráneos de los que salen raíces y yemas por distintos lugares; los rizomas, tallos gruesos que crecen bajo tierra, y las raíces tuberosas, que son raíces gruesas. Dentro de los bulbos encontramos el tulipán, el narciso o el lirio *(Lilium);* el gladiolo es un cormo, la begonia un tubérculo, los lirios de agua *(Zantedeschia)* son rizomas y las dalias son raíces tuberosas.

Algunos se plantan en otoño y otros en primavera. Los que se plantan en otoño florecen en primavera: anémonas, jacintos, crocus, narcisos, ranúnculos o tulipanes, y los que se plantan en primavera son los que florecen en verano u otoño: dalias, gladiolos, lirios *(Lilium)* y begonias.

Entre las bulbosas encontramos el tulipán, el narciso, el lirio, el gladiolo, la begonia, el lirio de agua y la dalia.

Los bulbos necesitan un sustrato que permita drenar bien el agua, puesto que no les gusta el exceso de humedad. Para plantarlos podéis seguir una regla sencilla: los plantáis a una profundidad de dos a tres veces mayor que el ancho del bulbo. No olvidéis ponerle abono (la cucharita pequeña de café) en la tierra y regar bien.

Si la tierra no está muy encharcada, los bulbos rebrotarán cada año.

Los bonsáis

Los bonsáis eran originarios de China y se extendieron a Japón antes del siglo XIII; su nombre en japonés significa literalmente «planta en bandeja». En la naturaleza podemos encontrar bonsáis, como por ejemplo pinos que crecen en rocas, al lado del mar, donde sufren por la falta de tierra y de agua y por los vientos. De hecho, en tanto árboles, los bonsáis son plantas de exterior, aunque muchas especies, como los ficus, viven bien en el interior. Casi todos los árboles se pueden convertir en bonsáis.

Para cuidar de vuestro bonsái necesitaréis una serie de accesorios: bandejas o macetas especiales para bonsáis (son unas macetas planas y anchas con agujeros de drenaje grandes); tijeras, sierras y cuchillos para podar ramas y raíces; tenazas para cortar alambre y pinzas para manipular la planta. Si sois grandes aficionados os irá bien disponer de alambres y tensores para dirigir las ramas, pero si no es el caso, con recortar un poco las ramas cada temporada será suficiente. Empezad con un *Ficus retusa*, que es un bonsái de cuidado muy fácil.

 Si no sois grandes aficionados a los bonsáis, con recortar un poco las ramas cada temporada será suficiente.

Si os aficionáis a los bonsáis deberéis saber al menos tres cosas: cómo trasplantarlos, cómo podarlos y cómo dirigir las ramas para darles la forma que deseéis.

Para trasplantarlos, tomad una bandeja especial para bonsáis; tapad los agujeros de drenaje con una rejilla y poned un poco de gravilla en el fondo de la maceta. No olvidéis utilizar tierra especial para bonsáis. Podad las raíces de los árboles y distribuid bien la tierra alrededor de éstas. Las raíces se deben peinar para que queden abiertas. Regad bien después del trasplante.

Podad simultáneamente las ramas y las raíces con el fin de equilibrar el árbol. En función de cómo las podemos, las ramas nos permitirán darle al bonsái la forma que queremos que tenga definitivamente: eliminad ramas que salgan en el mismo nivel o que se crucen con el tronco. Debéis recortar los brotes con frecuencia para que no crezcan demasiado vigorosos.

Para dirigir las ramas y darles la forma definitiva deberéis utilizar alambre; una vez las ramas hayan tomado la forma definitiva, podréis quitarlo. Los alambres se utilizan sobre todo en coníferas, y deben colocarse en forma de espiral, siguiendo la dirección de crecimiento del árbol.

Los cactus

Las plantas crasas, entre las que se incluyen los cactus, son originarias de zonas de lluvias escasas y muy concentradas en el tiempo, seguidas de períodos de sequía muy prolongados. Por tanto, se trata de especímenes adaptados a la falta de agua, rasgo que se manifiesta en su capacidad para absorber agua en abundancia, que almacenan en unos tejidos especiales: los tejidos crasos. Los cactus no suelen tener hojas, para así reducir las pérdidas de agua por transpiración. Las espinas les sirven para defenderse de los animales, del sol directo y de la evaporación. En general los cactus necesitan muy poca agua, aunque hay ciertos cactus tropicales que crecen sobre los árboles y necesitan un ambiente húmedo.

Los cactus son originarios del continente americano, mientras que las plantas crasas provienen de todos los continentes.

Por lo general, los cactus necesitan mucha luz, temperaturas elevadas y poca agua. La mayoría pueden vivir bien en el interior en zonas cercanas a una ventana; si no disponen de luz suficiente, crecerán delgados y amarillentos y no estarán bien formados.

Entre las plantas crasas más conocidas se encuentran el aloe y el *Sedum*, que se utiliza cada vez más en jardinería ecológica. Existen más de dos mil cactus distintos, así que si os aficionáis a coleccionarlos tendréis entretenimiento para rato.

Las orquídeas

Existen muchas especies distintas de orquídeas, adaptadas a condiciones climáticas diversas; generalmente provienen de zonas tropicales, aunque en bosques de zonas templadas encontramos también orquídeas de origen autóctono. Las que pertenecen a los géneros *Phalaenopsis*, *Dendrobium*, *Cattleya* y *Cymbidium* son quizá las que más comúnmente hallamos en las tiendas, y son muy apreciadas por su espectacular floración.

Las orquídeas poseen hábitos de crecimiento muy distintos: las hay que de modo natural crecen sobre los árboles (epífitas), otras lo hacen sobre materia orgánica en descomposición y otras en el suelo. Las orquídeas epífitas, que son las que generalmente se cultivan como ornamentales, pertenecen al primer grupo, y cuentan con un sistema de raíces aéreas que les sirve como soporte y les permite captar el agua de la lluvia.

A pesar de su fama de difíciles, el cultivo de las orquídeas es sencillo si se tienen ciertos consejos en cuenta. Debemos brindarles en casa condiciones parecidas a las que encontrarían en sus hábitats naturales: humedad ambiental y sustratos muy porosos, por ejemplo de corteza de pino gruesa.

 Si las regáis poco y las colocáis en un ambiente húmedo, las orquídeas os lo agradecerán.

Las orquídeas no precisan mucho riego, pues tienen reservas de agua en sus estructuras; se deben regar sólo cuando el sustrato empiece a secarse, dejando drenar bien el agua. Es conveniente regar las orquídeas al menos una vez por semana y abonar frecuentemente durante la época de crecimiento (cada quince días). No reguéis con agua fría, usad agua a temperatura ambiente. Necesitan una humedad ambiental alta y deben estar en un lugar sombreado, ventilado, sin sol directo, o de lo contrario éste quemaría sus hojas. Con poner las macetas dentro de un recipiente con una fina capa de gravilla y agua suele ser suficiente para proporcionar la humedad ambiental que necesitan y mantener húmedas las raíces. También les va bien que las pulvericemos con frecuencia con agua no calcárea. Algunas especies prefieren temperaturas frescas, entre los 6 y los 15 °C; otras, en cambio, necesitan temperaturas más cálidas, entre 15 y 25 °C. Alejadlas de los radiadores, que resecan mucho el ambiente. Los *Cymbidium* incluso se pueden plantar en el exterior si elegimos un lugar resguardado donde no hiele: muchas orquídeas florecen en invierno.

Cuando las trasplantéis procurad no estropear las raíces, pues son muy delicadas. Como sacar intacto el cepellón de la maceta resulta bastante difícil, lo mejor es cortar la maceta vieja.

Las palmeras

Las palmeras son plantas muy curiosas y características, apreciadas desde hace siglos por su elegancia. Existen casi tres mil especies distintas de palmeras, y aunque su tipología es muy variada, todas tienen una estética característica que nos permite reconocerlas por su forma, textura de las hojas y estilo. Las palmeras no son exactamente árboles, son plantas monocotiledóneas, que significa que cuando germinan primero sale únicamente una hoja de la semilla, el cotiledón, a diferencia de las dicotiledóneas, de las que salen dos hojas o cotiledones a la vez.

 La mayoría de las palmeras tropicales se adaptan a los interiores de las casas, y algunas, como la kentia, la chamaedorea y la areca, pueden vivir con poca luz y requieren menos cuidados.

La mayoría de las palmeras provienen de zonas tropicales húmedas de todas las partes del mundo, aunque también hay excepciones, como el palmito *(Chamaerops humilis)*, propio de los bosques mediterráneos y que crece en zonas muy secas, o la palmera datilera *(Phoenix dactylifera)*, que es la de los oasis de los desiertos. ¿Sabíais que existen palmeras diminutas, de poco más de diez centímetros de altura (la palmera de Liliput de Paraguay *Syagrus lilliputiana*) y palmeras gigantes que alcanzan hasta sesenta metros (como las palmeras de cera de los Andes *Ceroxylon quindiuense* y *Ceroxylon alpinum*)?

La mayoría de palmeras tropicales se adaptan a los interiores de las casas, y algunas, como la kentia, la chamaedorea y la areca, pueden vivir con poca luz y requieren menos cuidados. De la kentia, la palmera más resistente, existen dos especies, la *Howea belmoreana* y la *Howea forsteriana*. Las chamaedoreas (*Chamaedorea elegans* y otras especies) son más pequeñas y más sensibles al frío, y no les gustan las aguas calcáreas, al igual que las arecas (*Areca catechu* y otras especies), que muchos confunden con las kentias si bien se trata de un género de hojas más pequeñas de color verde más claro, y más sensibles a la salinidad del agua, al ambiente seco y al frío.

Las palmeras necesitan estar cerca de una ventana, y si les da el sol a primera hora de la mañana o última de la tarde viven mejor. Necesitan humedad ambiental, por lo que os agradecerán que pulvericéis las hojas con agua. Si están bien cuidadas son menos propensas a sufrir enfermedades y plagas. Las plagas más frecuentes de las palmeras son la cochinilla y la araña roja; si vuestra palmera sufre estas plagas es que no habéis elegido el mejor lugar: acercadla más a una ventana. En verano podéis dejar vuestras palmeras en el exterior a la sombra, en un lugar resguardado, sin corrientes de aire; en el exterior crecerán más fuertes. Una curiosidad: si sacáis la kentia al balcón, a la sombra, crecerá ancha, bajita y gruesa, mientras que si la dejáis en el interior se hará una planta alta y delgada, más esbelta. Esto es también válido para otras plantas, como la aspidistra.

Los helechos

Los helechos poseen la particularidad de que en lugar de reproducirse por semillas lo hacen por esporas, que no son células sexuales. Tradicionalmente se han utilizado en jardinería como planta ornamental, por la belleza de sus hojas. Existen helechos de muchas clases y orígenes, aunque la mayoría de las que utilizamos como plantas de interior, como el *Asplenium*, el *Adiantum* o el *Nephrolepis*, provienen de los trópicos.

Los helechos tropicales necesitan humedad, luz indirecta y mucho calor; en el interior de las casas suelen vivir mal a causa de la sequedad ambiental y son también muy sensibles a la falta de calidad del agua de riego, puesto que no toleran las aguas calcáreas. Si queréis tener helechos los deberéis regar con agua de lluvia o de botella, o bien con agua destilada.

Las bromelias

Las bromelias son plantas procedentes casi todas ellas de Sudamérica. En sus lugares de origen crecen bien sobre el suelo o encima de los árboles y se caracterizan por sus hojas en forma de roseta, como la piña americana o ananás, que es una bromelia. Eso significa que las hojas nacen todas de un punto central y forman como un embudo, que en sus hábitats naturales les sirve para recoger el agua de la lluvia. La mayoría son plantas que crecen sobre los árboles, pero que se adaptan bien al cultivo en sustrato.

Las más conocidas como ornamentales, aparte de la piña *(Ananas)* son la *Vriesea*, de tallo floral ancho y largo de color rojo o amarillo; la *Guzmania*, que tiene un tallo floral rojizo o amarillo abierto; la *Aechmea*, de hojas grisáceas con una capa aterciopelada y tallos florales grandes; la *Tillandsia*, más pequeña y con inflorescencias planas; la *Neoregelia*, de hojas con tiras de color verde y amarillo y el centro rojo, o el *Nidularium*, parecido pero de hojas verdes.

Se trata de plantas de interior que requieren temperaturas cálidas y no soportan el frío, así que no las pongáis en el exterior. Necesitan luz, pero sin que les de el sol directamente. Retienen agua entre las hojas, lo cual supone una buena manera de regarlas, aunque evitad regarlas con agua no calcárea.

Sus flores duran mucho, casi dos meses. Posteriormente, la planta principal se va secando y de ella salen hijuelos que también florecen con el tiempo. Es mejor cortar la planta principal cuando se empieza a secar. Tardan dos o tres años en florecer, así que tened paciencia.

Las plantas carnívoras

Las plantas carnívoras son muy curiosas, ya que además de hacer la fotosíntesis como todas las plantas, se han especializado en capturar su alimento. No os penséis que estas plantas se pueden comer un cordero enterito, ni un niño, su dieta consiste básicamente en pequeños insectos, a los que capturan ya sea aprovechando que quedan atrapados en sus hojas, cerrándose como una pinza sobre ellos, aprovechando que resbalan en su interior en forma de botella y luego son incapaces de salir, o bien sacando partido de sus pelos adherentes, de los que los insectos no se pueden despegar.

 Las plantas carnívoras no se comen ni a corderos ni a niños, sólo pequeños insectos. ¡Jamás les pongáis jamón! Se morirían.

Existen plantas carnívoras tropicales que requieren calor y otras que pueden vivir en el exterior. Las plantas carnívoras necesitan un sustrato ácido muy pobre en abonos y no les gusta nada el agua calcárea. Generalmente necesitan bastante humedad, así que es mejor no dejar secar el sustrato; les gusta que les de un poquito el sol y prefieren no permanecer en espacios cerrados.

A las plantas carnívoras no les gusta que les vayamos poniendo el dedo para ver si se cierran, ni que les pongamos animalitos muertos para comprobar si se los comen; sobre todo no les pongáis trocitos de jamón york o de carne: he conocido a personas que lo hacen con la mayor ilusión del mundo y las pobres plantas acaban muriendo de un atracón.

9
Las plantas en nuestra ausencia

Dejar las plantas en verano, plantas en la oficina, en casa y los fines de semana
¿Qué hago con las plantas? ¿Me las llevo? ¿Le dejo las llaves a la vecina? ¡Qué desastre volver y encontrarnos las plantas secas!

¿Qué hacemos con las plantas durante el verano?

Este año, cuando se acabaron las vacaciones y teníamos que volver al trabajo, me dediqué a observar cómo los resignados ya ex veraneantes metían en sus coches todo lo que uno se lleva de vacaciones en verano para llevar de vuelta a casa la mitad doblado como el primer día, porque aunque preveíamos que nos invitaría poco menos que la familia real a una recepción oficial y por si acaso nos llevamos la corbata, la realidad es que no nos quitamos ni un solo día el bañador ni nos invitó nadie, ¡o los pocos que nos invitaron llevaban chanclas! Este año vi a unas cuantas familias, incluida la mía, cargando maletas y plantas en el coche. Pensé que qué suerte tenían aquellas plantas al poderse ir de vacaciones con sus amos.

Yo me llevo alguna planta de vacaciones, pero no todas, porque no cabrían en el coche. Así que las reparto en tres grupos. Tomo la decisión basándome únicamente en el tamaño y en si están en flor o no. Las pequeñas que caben en el coche se vienen de vacaciones conmigo; las menos visibles, como por ejemplo las orquídeas, que no les da por florecer en verano, las llevo a que pasen las vacaciones en la oficina, y las más grandes, que están plantadas en jardineras que tienen depósito de reserva de agua, se quedan en el balcón de mi casa, que como está orientado al norte resulta fantástico para las plantas de interior, pues soportan perfectamente en el exterior el calor del verano de Barcelona, siempre que no les dé el sol.

Justo abandonamos a nuestras plantas cuando más calor hace (¡y más agua necesitan!). Si ningún vecino vuestro puede cuidarlas, siempre podéis llenar de agua unos *tupperwares* y poner la maceta dentro.

A mí no me importa pasear por la ciudad con una planta en brazos, pero muchas personas que pretenden ser sofisticadas no se atreven a pasear sus plantas. ¡Así encuentran sus plantas cuando vuelven a casa! Aunque como el otoño es la época de los buenos propósitos, las colecciones y los fascículos, no está de más hacerse el propósito de empezar de nuevo con la jardinería y llenar la casa de plantas, que eso sí que tiene glamour.

No obstante, si lo que estáis pensando es en viajar lejos o ir a un hotel, deberéis recurrir a otros métodos para conservar vuestras plantas durante el verano.

Muchos humanos dejan las plantas en manos de un vecino durante las vacaciones. Es lo peor que podemos hacer en aras de potenciar la convivencia, ya que cuando vuelves y te encuentras todas las plantas muertas te genera una desconfianza que ya no recuperas a menos que el vecino sea como Brad Pitt (o Angelina Jolie, según el caso) y se le pueda perdonar todo. Sin embargo, si de verdad tenemos un vecino en el que podemos confiar, es muy práctico dejarle las llaves, así de paso nos vigila el piso; pero que no os pase como a uno que yo conozco, que le dejó las llaves al portero y cuando volvió se lo encontró tumbado en su sofá durmiendo la siesta, con la tele puesta y todo, y las plantas muertas.

Si no tenéis a nadie en quien confiar, podéis hacer unos depósitos artificiales de agua para vuestras macetas. Es tan simple como coger unos *tupperwares*, poner la maceta dentro y llenarlos de agua. No olvidéis cubrir la superficie con una tela para que no se instalen larvas de mosquitos. Como de este modo las plantas tendrán demasiada agua, podría ser que se pudriesen, pero es más probable que se mueran de sed si no lo hacéis, así que merece la pena arriesgarse.

¡Es que justo nos vamos de vacaciones cuando más agua necesitan las plantas!

Las plantas en la oficina

Existen diversos estudios realizados en universidades muy serias que aseguran que las personas que están rodeadas de plantas viven mejor; las plantas, es cierto, mejoran el ambiente, nos proporcionan oxígeno y, según se dice, eliminan sustancias nocivas del aire. En un estudio reciente leí que los niños que tenían plantas en clase eran menos traviesos y sacaban mejores notas. Y el estudio parecía serio, de verdad, pues se dedicaron a hacer el seguimiento de niños durante un curso en el que a unos grupos se les ponían plantas en el aula y a los otros no.

Se ha investigado también mucho sobre las plantas en las oficinas, y al parecer, la conclusión es que las personas que trabajan rodeadas de plantas son más eficientes y sufren menos bajas laborales relacionadas con el estrés. Así que ya podéis empezar a poner plantas en vuestro despacho: aumentaréis vuestra calidad de vida. Antes de haceros ilusiones, sin embargo, comprobad que hay luz: por mucho que insistáis, si no entra la luz natural no podréis tener plantas.

 En el despacho, mejor poned plantas de fácil cultivo: desde las drácenas y las kentias, hasta las zamioculcas, el potos o el espatifilo.

Escogeremos las plantas que podemos poner en el despacho según el espacio del que dispongamos: si hay suficiente, os recomiendo las drácenas y las kentias; si en cambio el espacio es más bien escaso, optad por la zamioculcas, el potos o el espatifilo. Todas ellas son fáciles de cultivar.

Plantadlas en una maceta ligeramente más grande de lo que os parecería normal, así tendréis más agua de reserva, y seguid un consejo muy simple: regadlas cada viernes antes de iros a casa. No falla: así sabréis siempre cuándo las tenéis que regar y si os acostumbráis, no os olvidaréis jamás.

A las plantas de las oficinas les sucede como a las de la casa: si nos vamos de vacaciones, tendremos que dejar el riego semanal bajo responsabilidad de algún compañero. En este caso, de nada vale optar por la vecina abnegada. Lo más normal es que vuestros compañeros de trabajo pasen de vuestra planta cuando os vayáis, sobre todo si os tienen manía. También os podéis llevar la planta a casa, pero como reconozco que no es muy práctico, lo mejor es que convenzáis a la señora de la limpieza para que os riegue las plantas. No olvidéis traerle un recuerdo de vuestro viaje a la vuelta, y por favor, que no sea una medallita de la Virgen del Carmen, como se hacía antes, que las señoras de la limpieza aprecian más un bolso de piel o una pieza de ropa de marca, ¡como todo el mundo, claro está!

Las plantas en casa durante la semana

Tengo una amiga que se quejaba de que todas las plantas se le morían. Los amigos acostumbran a preguntarme qué deben hacer, y a veces tengo que emplear todas las tácticas de Sherlock Holmes para adivinarlo: ¿cada cuánto la riegas?, ¿dónde la tienes?, ¿le pones abono? y un largo etcétera de preguntas a las que te van contestando cuidadosamente, de modo que... Vaya, que no te lo explicas. A veces he llegado a pensar que quizás hay gente que tiene tan poca gracia que hasta cuidando las plantas bien se le mueren. Un día vas a su casa, y todo está normal, aunque las plantas están muertas. Una vez fui a recoger a mi amiga para llevarla al trabajo y va y me suelta «Espera un momento que bajo las persianas». Resulta que cada día, cuando se iba a trabajar, bajaba todas las persianas, ¡y las plantas a oscuras cinco días por semana!

Pues eso no lo podemos hacer si queremos tener plantas. ¿Qué hay de malo en dejar las persianas subidas si vivimos en un quinto piso y miras por la ventana y no hay modo humano de que suba ningún ladrón, como no sea Spiderman? ¡Además, que los ladrones suelen entrar por la puerta, como los señores!

Las plantas necesitan luz cada día, y aunque se diga que hay plantas que necesitan poca luz, tan poquita no hay planta que lo aguante, a menos que sea de plástico.

Las plantas en casa el fin de semana

Pasa lo mismo si nos vamos el fin de semana; en ese caso sí que dejar las persianas subidas ya nos cuesta más. Pero vaya: que si un fin de semana dejamos las plantas a oscuras os aseguro que no pasa nada; si es un fin de semana sí y el otro también, en cambio, que luego no nos extrañe que se acaben muriendo. Podéis dejar una persiana, la que sea más inaccesible, subida, y trasladar las plantas bajo esa ventana antes de iros.

Mira que somos raros los humanos: la mayoría de personas pone persianas en todas partes menos en la cocina, donde muchos, encima, tienen vidrios de esos de láminas que el menos experto las puede sacar sin dificultad alguna; pues bien, así y todo nos empeñamos en bajar las persianas allá donde las haya. En fin, que mejor poned las plantas en la cocina el fin de semana que salgáis; no habrá mucha luz, pero menos es nada.

Y no os quejéis por tener que mover tiestos por toda la casa: hace mucho tiempo que se inventaron las macetas con ruedas. Y si no tienen ruedas, en cualquier tienda de plantas o de bricolaje os venderán plataformas de diferentes tamaños que sirven precisamente para eso.

Plantas en la casa de fin de semana

Los que tengáis la suerte de tener una segunda residencia para pasar el fin de semana también podéis tener plantas de interior, aunque la verdad es que pocas plantas de interior vemos en las segundas residencias. Tenéis que hacer lo mismo que os he explicado para las plantas de vuestra casa en fin de semana, pero a la inversa, es decir, cuando os vayáis poned las plantas cerca de una ventana. Si estáis en un lugar muy frío, y como ya me imagino que no vais a poner la calefacción sólo para ellas, podría ser que las plantas se os muriesen, así que escoged plantas que sean resistentes a temperaturas interiores bajas; como me imagino que dentro de vuestra casa no debe helar, os recomiendo la kentia o la aspidistra.

Las plantas, sin embargo, tienen una extraña particularidad: si no tienen compañía humana lo pasan mal, porque como nadie las observa, puede suceder que un día cojan una plaga o un hongo y no nos demos cuenta. Pero, en fin, podéis intentarlo.

10
Las habichuelas mágicas

Podas, esquejes, semillas y plantas de temporada
¿Qué pasa cuando las plantas crecen demasiado? ¿Y si las cortamos? ¿Y si las queremos reproducir? ¿Y las semillas?

Jack y las habichuelas mágicas

Jack era un chaval de una familia muy pobre, como suele ocurrir en la mayoría de los cuentos; un día su madre lo mandó a la ciudad a vender la única vaca que tenían, porque ya no les quedaba nada para comer; por el camino Jack se encontró con un hombre que le ofreció cinco habichuelas a cambio de la vaca, y se las supo vender tan bien que el chico aceptó. Cuando volvió a casa, su madre se dio cuenta de lo atolondrado que era su hijo y de lo que había perdido encomendándole una tarea tan importante y, para no tirar al niño, arrojó las habichuelas por la ventana.

Cuando se despertó por la mañana, Jack se dio cuenta de que las semillas habían germinado y crecían hasta el cielo, y ni corto ni perezoso empezó a trepar. Arriba encontró un gigante que tenía una gallina que ponía huevos de oro; la llevó a casa y la madre y él vivieron de fábula hasta que la gallina murió de vieja.

Entonces Jack volvió a subir por la enorme planta y se encontró con que esta vez el gigante tenía unas bolsas llenas de monedas de oro, que también pudo coger y llevárselas a su madre, y vivieron bien hasta que se acabaron.

El chico volvió a subir y esta vez le robó un arpa al gigante. Éste, al darse cuenta del robo, bajó corriendo tras el chico, en dirección al jardín de su casa. Pero Jack logró a tiempo llamar a su madre, quien le dio un hacha con la que cortó la planta de judía, que cayó al suelo y el gigante con ella.

Y vivieron felices para siempre.

Éste es un cuento popular inglés del que hay tantas versiones que al final nadie sabe dónde está el sentido de la historia.

Lo que sí resulta curioso desde el punto de vista vegetal es lo de la judía mágica que crecía hasta el cielo.

Yo conocí una judía mágica: el kudzu. Es una planta de la familia de las alubias cuyo nombre botánico es *Pueraria lobata* y que proviene de Japón y China. Yo viví durante unos años en el estado de Georgia, en Estados Unidos, allí donde Scarlett O'Hara, después de arrancar una zanahoria del suelo y comérsela, dijo aquello de «A Dios pongo por testigo que jamás volveré a pasar hambre». Pues parece ser que el kudzu se introdujo por aquellos pagos procedente de Japón a finales del siglo XIX, justo después de que tuviera lugar el drama de Scarlett. Era una planta que crecía rápidamente, y por lo tanto permitía evitar la erosión que asolaba aquel estado, cuyos suelos quedaron sin cultivar al terminar la Guerra Civil –y con ella la esclavitud y los campos de algodón–, con lo que se volvieron yermos y fueron desolados por las lluvias, que arrastraba tierra hacia los ríos, que en aquel estado son de color rojo, como la arcilla de los campos. En efecto, el kudzu se adaptó muy bien al sudeste de Estados Unidos y a su clima.

 El kudzu es como las habichuelas mágicas: no para de crecer y si la miras un rato, puedes incluso observar el proceso. Pero en la actualidad es una de las peores plantas invasoras de Estados Unidos.

Actualmente es una de las peores plantas invasoras, y sus dominios se extienden por más de treinta mil kilómetros cuadrados de territorio.

En fin, que esta planta es lo más parecido que he visto a la judía mágica: si la miras durante un rato en un día de verano puedes verla crecer. No es fácil ver crecer una planta, ni un animal, ni un niño; a los niños puede que los veamos mayores cuando los despertamos por la mañana o sobre todo después de pasar unos días de campamentos, pero si los miramos detenidamente, no creo que nadie los haya visto crecer. Con un poco de paciencia, a una planta sí que la puedes ver crecer.

Las plantas, como los animales, viven en equilibrio en su hábitat natural: unos se alimentan de otros y nadie crece en exceso. Pero a todos nos gusta traernos plantas exóticas de otros países, y entonces nos encontramos con que hay plantas que crecen tan bien en su nuevo lugar que no tienen competencia y acaban con todo lo que tienen alrededor; con los animales también pasa, como por ejemplo en el caso de la mariposa del geranio o el mosquito tigre.

En suma, que tenemos que ir con cuidado. Y ahora que en nuestro pisito estamos observando nuestra judía mágica particular, pensando en que nos ha costado lo suyo que nos crezca, de golpe, nos damos cuenta de que ha crecido demasiado, que se inclina sobre el sofá o que está a punto de tocar nuestros escasos dos metros y medio de techo...

¿Qué? ¿La cortamos?

Podar es cortar las ramas de una planta. En agricultura se trata de una práctica habitual para formar los árboles frutales y asegurarse así de que nos proporcionan los frutos que queremos a la altura que queremos y casi en la cantidad que queremos. Controlar el tamaño de un árbol nos da mucho poder. Pero en realidad, las plantas, cuanto más naturales crezcan, más sanas serán y mejor se adaptarán a las condiciones ambientales; de todos modos, podemos encontrarnos con que crecen donde no nos interesa, por ejemplo, porque invaden el balcón del vecino o porque están a punto de tocar el techo de casa.

Lo mejor es mirar bien la planta con el fin de hacernos una idea de cómo queremos que sea, coger las tijeras y cortarla. Casi todas las plantas admiten bien la poda. Así que os doy sólo dos consejos: que tengáis sentido común y cortéis únicamente lo que sobra (ya se sabe que tijeras en mano nos envalentonamos y acabamos cortando lo que no debemos), y que cuando cortéis lo hagáis siempre por encima de un nudo.

El nudo es la zona algo abultada que marca discontinuidades en las ramas y sobre la cual crecen las yemas. No es exactamente lo mismo en todas las plantas, pero casi. Así que, si cortáis, buscad los nudos, aseguraos de ver las yemas (los bultitos verdes que crecen sobre una discontinuidad del tronco) y cortad justo por encima de éste protegiendo la yema, que es de donde saldrá el nuevo brote.

¿Qué hacemos con los brotes que cortamos?

Un brote cortado de una planta se puede convertir en un esqueje. Un esqueje es cualquier parte de una planta que cortamos con el fin de reproducirla. Muchísimas plantas se pueden reproducir por esquejes, es decir, se regenera una nueva planta a partir de un trocito de otra.

Existen distintos tipos de esquejes, aunque los más comunes son los de ramas. Algunas plantas, como la begonia o la sansevieria, se pueden reproducir por esquejes de hoja, es decir, cortamos una hoja, o un trozo de una hoja, lo plantamos en una maceta y si lo regamos nos saldrá una nueva planta; la violeta africana se reproduce plantando la hoja entera con su peciolo; otras plantas, como la menta, se pueden reproducir por esquejes de raíz; así pues, podemos cortar un trozo de raíz y volverlo a plantar, y tendremos una planta nueva.

 Muchísimas plantas se pueden reproducir por esquejes, es decir, se regenera una nueva planta a partir de un trocito de otra.

Los esquejes de rama o tallo son brotes, generalmente de las puntas de las ramas. Para que crezca una nueva planta, un esqueje debe tener tres o cuatro nudos y debe medir por lo general unos diez centímetros de largo. Lo tenéis que cortar siempre por debajo de un nudo (al revés que en la poda). Le tenéis que sacar las hojas de los dos nudos inferiores y clavarlos en un sustrato que se debe mantener siempre húmedo (sólo con que se os seque un día, el esqueje se morirá). De la parte de abajo saldrán seguramente antes de un mes las nuevas raíces y después empezarán a salir las hojas nuevas. La mejor época para hacerlo es la primavera, y las plantas que podréis reproducir más fácilmente son: hortensias, geranios, hiedras, hibiscos, claveles o crisantemos.

¿Podemos cultivar plantas de semilla?

Podemos reproducir muchas plantas por semilla; es el caso, por ejemplo, de las plantas de temporada. Por lo general, si recogéis las semillas de las plantas que tenéis en el balcón y las sembráis, al año siguiente las plantas no os saldrán exactamente como en el año anterior. Eso se debe a que la mayoría de las plantas que compramos son híbridos, es decir, plantas que se obtienen mezclando los granos de polen (célula masculina) de una planta con los óvulos de otra distinta, de modo que el hijo, la nueva planta, tenga características mejoradas. Estas características no se mantienen en los cruces de las nuevas generaciones de plantas, por lo menos no del todo.

Plantas de temporada

Las plantas de temporada son, como su nombre indica, plantas que duran una sola temporada, lo que significa que cuando su época termina se secan. Son ideales para los balcones floridos, y podéis escoger entre muchas variedades distintas. Se reproducen por semillas y las podéis sembrar a la salida del invierno o bien las podéis comprar ya creciditas.

La primavera es la época de las plantas de temporada, de las que hay de todos los colores: agateas *(Felicia amelloides)* de flores azules; ageratos *(Ageratum houstonianum)* de flores azules; alegría de la casa *(Impatiens walleriana)* de flores de distintos colores; aliso marítimo *(Alyssum maritimum)* de flores blancas o rosadas; verbena *(Verbena hybrida)* de flores de distintos colores; caléndula *(Calendula officinalis)* de flores amarillas o naranjas; margarita de los prados *(Bellis perennis)* de flores blancas, rosas o rojas; calceolaria *(Calceolaria crenatiflora)* de flores amarillas o rojas; clavel de moro *(Tagetes patula)* de flores amarillas o naranjas; clavel de poeta *(Dianthus barbatus)* con flores de distintos colores; clavel de China *(Dianthus chinensis)* con flores de distintos colores; boca de león *(Antirrhinum majus)* con flores de distintos colores; cresta de gallo *(Celosia cristata)* con flores amarillas o rojas; dimorfoteca *(Dimorphotheca sinuata)* de flores anaranjadas; gazania *(Gazania hybrida)* de flores amarillas o naranjas; carraspiques *(Iberis sempervirens)* de flor blanca o rosada; lobelia *(Lobelia cardinalis)* de flores de distintos colores; primaveras o prímulas *(Primula sp.)* de flores de distintos colores; pimientos de jardín *(Capsicum frutescens)* de frutos rojos y amarillos; pensamientos *(Viola tricolor)* de flores de distintos colores; petunia *(Petunia hybrida)* de flores de distintos colores; salvia escarlata *(Salvia splendens)* de flores rojas; vinca *(Catharanthus roseus)* de flores rosas o blancas, o alhelí *(Matthiola incana)* de flores de distintos colores.

Las plantas de temporada son en su mayoría plantas anuales, nacen de semillas y duran aproximadamente un año, aunque algunas duran hasta dos años y florecen únicamente en el segundo. Las plantas de temporada suelen necesitar más agua que el resto, y también más abonos para que florezcan abundantemente durante toda la temporada. Hay plantas que viven bien al sol, como las petunias, mientras que otras, como las alegrías de la casa, prefieren lugares sombreados.

11

Las visitas

Venenos, mitos y mosquitos tigre
Qué plantas más bonitas: ¿son de plástico o de verdad?
Los comentarios típicos de las visitas, los que tocan las
plantas y los que nos quieren dar consejos.

¿Son de plástico o de verdad?

Si habéis llegado al punto en que alguien os pregunta esto,
podéis estar seguros del éxito que estáis teniendo con vuestras plantas. Es muy curioso, puesto que plantas perfectas,
con las hojas iguales, del mismo color, tronco derecho y
equilibrado parecen existir sólo en nuestra imaginación. Somos tan ignorantes en la materia que nos parece imposible
que una planta sana y en forma pueda ser natural. Un consejo: no preguntéis nunca si la planta es de plástico o de verdad; si vuestros invitados no se dan cuenta es como si con-
fundiesen a vuestro niño con el bebé Nenuco, así que mejor
no digáis nada a menos que tengáis de verdad plantas artificiales. Aunque, bien pensado, también es cierto que a veces

he oído la expresión «Qué niña tan guapa, parece una muñequita».

En casa de mis padres había un setter inglés de cerámica, de tamaño natural. Nunca nadie llegó a confundirlo con su homólogo real. Pero no fallaba: cuando alguien entraba en casa, siempre decía «Parece de verdad». Vaya, que el caso debe de ser decir lo que no es.

Los peores son los que tocan las plantas a la vez que dicen la frase de rigor. A la mayoría de las plantas no les pasa nada aunque las toquemos, si bien hay estudios que afirman que si se tocan demasiado, las plantas crecen menos. Conocí a un agricultor que para que sus planteles de tomate le quedasen más compactos peinaba a las plantas un par de veces al día con un cepillo, y el caso es que parece que es cierto que, al tocarlas, las plantas crecen menos y se vuelven más rechonchas.

Mucho peores son las visitas que tocan las flores, sobre todo las orquídeas, que son delicadas y que se caen antes si se tocan en exceso. También están los que traen niños o perros que se distraen rompiendo hojas y flores, o que se comen las plantas. Así que lo mejor que podéis hacer es decirles que las plantas son tóxicas o que les acabáis de poner un insecticida venenoso y ya veréis como alejan a los niños y a los perros de ellas.

Venenos y plantas peligrosas

La pasada Navidad, después de comprar nabos, repollos, chirivías y apios para el tradicional caldo, fuimos con la familia a comprar la carne del cocido: patas de pollo, alas de gallina, pies de cerdo... Mi hija va y suelta: «Mamá, ¡parece que estés preparando una poción de bruja, más que una comida de Navidad!». Quizá sí fuera una poción mágica, ¡la cuestión es que es un caldo de aquellos que resucitan a cualquiera!

Bueno, pues nuestro cocido no es tan distinto de las cazuelas de las brujas, sólo que nosotros no le ponemos dientes, ni sapos, ni colas de lagartijas, pero hay países donde estas «especialidades» se consideran auténticas *delicatessen*.

Hace poco tiempo fui a visitar las cuevas de Zugarramurdi, en el valle de Baztán, en Navarra, famosas por ser el origen de los aquelarres y también, y por desgracia, por ser escenario de una despiadada cacería de brujas en el siglo XVII. En la cultura popular catalana, de donde procedo, también abundan las brujas. En la villa de Vallgorguina, cerca del dolmen de Piedra Gentil, algunas brujas contemporáneas aún se reúnen para celebrar sus ritos.

¿Qué tienen que ver las brujas con la jardinería? Pues cosas de plantas: así como existen muchas plantas beneficiosas, también las hay que son tóxicas y nos pueden dar sorpresas desagradables. En lo de las plantas tóxicas también hay mitos, pero en todo caso debemos ir con cuidado.

- **La diefembaquia:** es una de las plantas conocidas por su toxicidad, debida a su contenido de cristales de oxalato cálcico (al igual que otras plantas, como el potos o el espatifilo). Si se mastica la planta, las agujas de oxalato cálcico salen proyectadas y penetran en las membranas mucosas induciendo la liberación de histamina, que dilata los vasos sanguíneos y constriñe las vías respiratorias. El sujeto empieza a sentir un fuerte dolor en la garganta y la faringe y la laringe se le inflaman. Si entra en contacto con los ojos notaremos un dolor fuerte, y puede causar lesiones severas.

– **La adelfa:** la adelfa contiene otro tipo de toxinas, los esteroides cardioactivos, que afectan al corazón y enlentecen sus latidos. Si se ingiere, la adelfa puede provocar arritmias, taquicardias o bloqueo cardíaco, así como un intenso dolor abdominal que induce al vómito, una reacción natural de defensa para limitar los efectos tóxicos.

No sólo las plantas ornamentales pueden ser tóxicas: existen plantas que, ingeridas en grandes cantidades, también resultan nocivas: sin ir más lejos, los ajos y las cebollas, que contienen una toxina propia que en pequeñas dosis no produce ningún efecto negativo, pero que si se ingiere en grandes cantidades puede provocar náuseas, diarreas, vómitos, calambres abdominales, deshidratación y hasta afectar a la tiroides. El hueso de algunas frutas –como el níspero, la manzana, el melocotón, la ciruela o el albaricoque– contienen sustancias parecidas al cianuro, por lo que si se ingiere puede provocar dolores abdominales y, en grandes dosis, incluso una parada cardíaca. También son tóxicos los ojos y la piel de las patatas verdes.

 Existen plantas que, ingeridas en grandes cantidades, resultan nocivas: sin ir más lejos, los ajos y las cebollas. También hay que ir con cuidado con el hueso de los nísperos, las manzanas, los melocotones, las ciruelas y los albaricoques. ¡Así que mejor que no os los traguéis!

Lo que quiero dar a entender es que no debemos asustarnos: podemos tener diefembaquias y adelfas en casa con toda tranquilidad. Existen muchísimas plantas tóxicas en nuestros bosques y ciudades y, sencillamente, lo que debemos hacer es no comer nada que no sepamos con certeza si es comestible, y enseñar a nuestros hijos que las plantas de casa no son para comer. En definitiva, debemos dejar fuera del alcance de los niños todo cuanto sea tóxico y puedan llevarse a la boca, lo que incluye tanto los detergentes, los productos químicos, las bebidas alcohólicas, los medicamentos y las cosas que contienen piezas pequeñas como las plantas no comestibles.

Mitos y leyendas urbanas

Existen muchos mitos sobre plantas; seguro que habéis oído decir que si hablamos a nuestras plantas éstas crecen más, o que no podemos dormir con plantas en nuestra habitación, o que si el poso de café sirve de abono... Todos ellos tienen una explicación, pero no dejan de ser eso: puros mitos.

La idea de que hablar a nuestras plantas haga que crezcan más puede tener varios orígenes; el más verosímil es que la persona que demuestra la paciencia de hablar a sus plantas es muy probable que tenga también más paciencia para regarlas y abonarlas, pues mientras les hablamos, las observamos y, como ya he dicho antes, ésa es precisamente la mejor manera de detectar posibles problemas. Hay otros que afirman que al hablar con las plantas desprendemos dióxido de carbono y aumentamos la concentración de este gas, lo que ayuda a las plantas a realizar mejor la fotosíntesis. Es posible, pero para que este incremento de dióxido de carbono tuviera algún efecto, ¡deberíamos leerles una novela entera cada día!

Muchos dicen que es malo dormir con plantas en la habitación. Esto es porque las plantas también respiran (de hecho, respiran día y noche, pero durante el día, como también hacen la fotosíntesis, desprenden oxígeno y compensan el que se pueda consumir en la respiración), de modo que consumen oxígeno, y claro, si consumen mucho puede que nosotros nos quedemos sin él. Pero debo añadir un pequeño matiz a esta teoría: la pareja que tenemos a nuestro lado también respira, y mucho más que una planta, así que si por compartir habitación con una persona no nos quedamos sin oxígeno, no temáis: tampoco nos pasará con una planta. ¡Y siempre nos quedará la opción de sacar a nuestra pareja y poner una planta en su lugar!

 Dormir con una planta no es tan malo como aseguran algunas personas: es cierto que consumen oxígeno, pero si dormimos con alguien al lado, éste también respirará ¡y más que una planta!

Por otra parte, hay personas que tienen por costumbre poner los posos del café en las macetas, asegurando que sirve de abono. Bueno, el poso es materia orgánica y a la larga puede liberar nitrógeno, pero poco, y es mucho mejor que lo convirtáis en compost antes de ponerlo en las macetas, pues si no está bien estabilizado, lo que vais a conseguir es atraer a hongos y bacterias a vuestras plantas.

También hay quien pone un cactus al lado del ordenador para neutralizar las radiaciones que emiten las pantallas. Bueno, pues da igual que pongáis un cactus o un osito de peluche; pero probad a ponerlo justo enfrente de la pantalla: ¡absorberá tanto las radiaciones que no vais a ver nada! Lo que quiero decir es que los pinchos no absorben estas radiaciones, pero si de verdad os sentís mejor teniendo el cactus, adelante, ¡no os hará ningún daño!

Antes se decía que si una mujer tenía la regla y tocaba las plantas se le morían, como muchas otras cosas que se nos decía a las mujeres para hacernos sentir inútiles. Las pobres mujeres de antes lo tenían muy mal, y la mayoría de las que hay en el mundo hoy en día, también.

La albahaca se utiliza en muchas casas y restaurantes para ahuyentar a los mosquitos. Se dice que su olor los repele. Yo he visto muchos mosquitos volando descaradamente al lado de una planta de albahaca, pero tampoco perdéis nada: con toda seguridad es mejor para el medio ambiente tener albahacas que utilizar espráis para matar a los mosquitos.

Existe una leyenda urbana que dice que un conocido de un conocido compró un tronco del Brasil (drácena) y que al cabo de unos pocos días la planta empezó a moverse y de su interior salió una tarántula del tamaño de una mano. ¡Como si las drácenas realmente viniesen del Brasil! Las drácenas que compramos normalmente se cultivan en viveros de nuestros alrededores, así que ya podéis tener la certeza de que de esa planta no salen tarántulas ni nada que se les parezca. Y para que quede claro, las tarántulas vienen de América, y las drácenas de África, no de Brasil.

Los mosquitos tigre

Otra de las amenazas para los aficionados a la jardinería es el mosquito tigre, puesto que se dice que suele depositar sus larvas en lugares donde el agua se estanca en pequeñas cantidades. En las balsas grandes, los mosquitos tigre lo tiene mal, puesto que numerosas especies compiten por el mismo hábitat, y el tigre no es precisamente uno de los mosquitos más listos en la lucha por la supervivencia. Pero si dejamos un bote lleno de agua en la terraza, allí se encuentra solo, feliz y contento, y se reproduce, y después el muy desagradecido se os pone en contra, ¡encima de que le habéis facilitado las cosas! Por lo tanto, no dejéis platos con agua debajo de vuestras plantas. Si en verano os vais de vacaciones poned un recipiente mayor que un plato y cubrid su superficie con una tela vieja, a modo de mosquitera, para que los mosquitos no se acerquen.

12
El santo de la suegra

Supersticiones, leyendas y símbolos
¿Qué le regalamos, un perfume o una planta? Andémonos
con cuidado: hay plantas que poseen un significado que
tal vez no encaje exactamente con lo que queríamos decir.

¿Un perfume o una planta?

Es el santo de nuestra suegra y como cada año nos pasamos
varios días pensando en qué le vamos a regalar que le guste
sin que nos arruinemos, lo que ya es difícil, pues tiene de
todo. Después de unos cuantos años de casados hemos pasado por el perfume, el fular, el jersey, el libro, el disco, la película, el bolso, cuatro jarrones de diferentes estilos y figuritas
de Lladró diversas. Mira que al pobre suegro siempre le acabamos regalando una corbata y el hombre nunca nos ha
puesto mala cara, pero la suegra es distinta...

Si queremos quedar bien lo mejor es regalar una planta:
suele gustar a todo el mundo y nos evita tener que preocu-
parnos por si el perfume que hemos escogido es el que lleva o

le da alergia, o si ese libro ya lo ha leído, o si la película ya la tiene o no le gusta. Y como no hay dos plantas iguales, aunque tuviese una de la misma especie, seguro que no sería exactamente la misma, y de todos modos, a poco que conozcamos su casa, tampoco cuesta tanto tener ubicadas las plantas que tiene y las que no.

 Una planta es un regalo sencillo y siempre adecuado. Las orquídeas son las plantas que se suelen regalar más a menudo. Hoy en día, su precio es muy asequible, y constituyen el mejor regalo, pues con ellas obsequiamos a la vez con una flor y con una planta viva.

Una de las plantas que se suelen regalar son las orquídeas. Hace unos años, las orquídeas sólo las regalaban los enamorados, y hasta había quien vendía las orquídeas en una cajita de plástico con un pequeño tubito lleno de agua para poner el peciolo; la orquídea era una planta tan cara que casi se consideraba una joya. Ahora las orquídeas se cultivan de forma masificada y tienen precios asequibles, y son un regalo fácil, pues son una flor, con lo que es como si regaláramos un ramo y a la vez una planta viva. Antes se regalaban más ramos de flores, y siguen surtiendo efecto, pero a mí me parece que las plantas vivas tienen más gracia, o al menos, duran más.

Cuando era jovencita, un pretendiente me regaló un ramo de lirios azules *(Iris germanica)*. Mi madre, que era muy simpática, sobre todo con los novietes adolescentes, me dijo:

«Anda niña, que te ha regalado un ramo de "orejas de burro", qué chico más vulgar». El noviete duró casi tanto como el ramo. Como estas cosas pasan, es mejor que lo tengamos claro y nos aseguremos de qué plantas tenemos en las manos.

Supersticiones y creencias

EL CRISANTEMO, LA FLOR DE LOS MUERTOS

No le regalemos nunca un crisantemo *(Chrysanthemum coronarium)* a la suegra –y quien dice la suegra, a ninguna persona de la generación de la suegra–. Es una planta muy bonita, y en los países del norte de Europa se usa como flor ornamental, como en el sur se hace con las margaritas, los geranios o las rosas. Pero resulta que en España el crisantemo es la flor de los sepulcros, con lo que si le regalamos un crisantemo la suegra se pensará que la queremos mandar directa al cementerio, así que vayamos con cuidado. El crisantemo es una planta que florece en noviembre, y cuando no existían los invernaderos para cultivar plantas todo el año, no había muchas flores con las que recordar a los difuntos por Todos los Santos. Por ese motivo, el crisantemo se convirtió en una planta directamente vinculada a los cementerios. Es una de esas cosas curiosas. El crisantemo nos llegó desde Japón, y allí se la considera una flor sagrada que simboliza el sol. Para complicarlo aún más, la flor de los muertos no es la misma en todas partes; por ejemplo, en México la flor de los muertos es el clavel de moro *(Tagetes patula)*, que en España, en cambio, muchas abuelas tienen en sus casas sin ningún reparo.

El trébol de cuatro hojas

Los tréboles *(Trifolium repens)* tienen tres hojas, de ahí su nombre, procedente de *Trifolium*, «tres hojas» en latín. Por alguna razón, desde hace años todos nos hemos empeñado en encontrar uno de cuatro en lugar de las tres habituales. ¿Por qué? Pues parece que la tradición del trébol proviene de Irlanda, donde san Patricio, patrón de los irlandeses, había utilizado esta planta para explicar la Santísima Trinidad, aunque se dice que la devoción por los tréboles ya venía de ritos paganos anteriores, concretamente de la cultura celta, donde el trébol se utilizaba para ahuyentar los malos espíritus. La tradición de los tréboles de cuatro hojas es también muy antigua, supongo que por su rareza. La cuarta hoja representa la suerte.

La margarita y el amor

La de la margarita es una tradición tan simple como ir arrancándole los pétalos para saber si nuestro amado o amada nos quiere, y que nos quiera o no resulta tan aleatorio como el número de pétalos de la margarita; seguro que más de uno lo probasteis de adolescentes. En fin, que tenéis que saber que las margaritas son también crisantemos *(Chrysanthemum frutescens)*, aunque en este caso relacionados con vibraciones mucho más positivas, ¡cosas de las supersticiones!

 Aunque se relacionen con el amor, las margaritas son también crisantemos, pero, en este caso, de espíritu positivo.

Los ajos y los vampiros

Los vampiros forman parte de numerosas leyendas que provienen de la Europa del Este. A pesar de la moda actual de los vampiros, el más famoso de la historia sigue siendo Drácula, el conde protagonista de la novela homónima de Bram Stoker, publicada en 1897. Los ajos, como otros elementos, religiosos en su mayoría, ahuyentan a los vampiros. Existen varias teorías sobre el origen de esta tradición, aunque no sabemos exactamente cuál es la verdadera. Una posible explicación se debería a las similitudes entre los vampiros y los enfermos de rabia, los cuales parece que son especialmente sensibles al ajo. Según otros, los ajos ahuyentan a los mosquitos, y como los vampiros pican cual mosquito también se asustarían de tales bulbos.

En los últimos años, el ajo (diferentes especies de *Allium*) se cultiva como planta ornamental. Tiene flores de colores que van del morado al blanco, florece a finales de primavera y es muy resistente a la falta de agua.

La corona de laurel

Esta historia proviene de la mitología griega. Cuentan que el dios Apolo amaba a Dafne y su amor no era correspondido; la ninfa, al verse acorralada por tan insistente y pesado amante, se transformó en un árbol de laurel *(Laurus nobilis)* para ver si de esta forma el chico lo dejaba ya de una vez. De este modo el laurel se convirtió en un árbol sagrado. Apolo se representa con una corona de laurel en la cabeza, y en las antiguas Grecia y Roma se coronaba a los vencedores con laurel, que se ha convertido en el símbolo de la victoria (aunque, personalmente, soy de la opinión que lo de Apolo fue más bien una derrota amorosa).

El laurel es un arbusto ornamental que vive muy bien en nuestros balcones y terrazas orientados al sur.

LA PLANTA DEL DINERO

Muchos conocen la planta del dinero *(Plectranthus australis)*; se suele decir que si tienes esta planta en casa nunca te va a faltar el dinero. Es una planta colgante, muy común, de hojas carnosas. La leyenda se extiende a casi todos los países de habla hispana. Debe ser porque las hojitas parecen monedas, ¡pero no conozco a nadie que se haya hecho rico con la planta!

Cuentos y leyendas con plantas

LA COL DE PATUFET

«A medio camino, Patufet se detuvo y se sentó en el borde de un huerto para reposar un rato, pero he aquí que de golpe, empezó a llover muy fuerte. Para no mojarse, Patufet se escondió debajo de una col. Entonces vino un buey muy glotón medio perdido y de un bocado se comió la col y a Patufet, de propina, con sus zuecos, su barretina y sus calzones de terciopelo.»

El cuento de *Patufet* (*Pulgarcito*) es tradicional catalán, y gracias a él la col o repollo *(Brassica oleracea)* es una de las primeras plantas que los niños catalanes conocen. Desde hace pocos años, la col es una planta ornamental que encontramos en parterres y ramos de flores, con hojas de colores rojizos, amarillos o de distintas tonalidades de verde.

La rosa de san Jorge

Cuenta la leyenda que un dragón muy feroz tenía atemorizada a la villa tarraconense de Montblanc, cuyos habitantes le ofrecían su ganado para calmarlo. Cuando el ganado se hubo terminado, le ofrecieron cada día una doncella, hasta que un día le tocó a la hija del rey. Cuando el dragón estaba a punto de comerse a la princesa, llegó san Jorge en su caballo blanco y clavó su lanza en el corazón de la bestia. De la sangre del dragón nació un rosal de rosas rojas y san Jorge le regaló una a la princesa. Desde entonces, para conmemorar dicha gesta, cada 23 de abril en Cataluña se celebra el día de San Jorge, y la costumbre es que los hombres regalen una rosa *(Rosa sp.)* a su enamorada.

Plantas simbólicas

El abeto de Navidad

La tradición del abeto de Navidad se remonta a la Alemania del siglo xvi, aunque sus orígenes son muy antiguos y por toda Europa existen referencias a estos árboles, que se adornaban con manzanas y otras frutas para invocar una primavera fértil y fructífera. Su origen parece estar en los ritos paganos del solsticio de invierno, y hasta la misma Biblia nos cuenta que esta tradición hace referencia al árbol adornado que se asociaba a un falso dios. En el siglo xviii el árbol de Navidad se relacionaba con las celebraciones protestantes, y no fue aceptado por la Iglesia católica hasta el siglo xix, pues al tratarse de una costumbre tan extendida, como muchas otras, la Iglesia acabó incorporándola a sus propias tradiciones. Actualmente en numerosos hogares de Occidente es habitual poner un abeto por Navidad, del que colgamos bolas rojas en lugar de manzanas para recordar que en primavera saldrá el sol y volveremos a tener frutas y, con el nuevo año, pese a los rigores del invierno, renacerá una nueva vida.

 En el siglo XVIII el árbol de Navidad se relacionaba con las celebraciones protestantes, y no fue aceptado por la Iglesia católica hasta el siglo XIX.

Los árboles de Navidad más conocidos son el abeto, de los que, a modo de curiosidad, existe una especie propia de la villa de Espinelves en las montañas del Montseny, que es el abeto de Mas Joan *(Abies × masjoani)*, descubierto en los años cincuenta por Jesús Masferrer, miembro de una familia con una larga tradición en la cría de abetos. Existen también distintas variedades de abetos cultivados, como el abeto propiamente dicho, *Abies alba*, o el pinsapo, *Abies pinsapo;* también se utilizan como árbol de Navidad la pícea o abeto rojo *(Picea abies)*. La diferencia entre los abetos y las píceas es muy simple: los abetos tienen las hojas planas y no pinchan y las píceas tienen las hojas puntiagudas y pinchan. Además, las píceas pierden antes sus hojas y nos llenan el piso de hojitas antes de Reyes, mientras que un árbol como el abeto de Mas Joan nos dura toda la Navidad y se resiste a perder las hojas. Todos los abetos que venden en las tiendas han sido cultivados, y tener un abeto en casa no gasta más energía que preparar un par de ensaladas de lechuga. Encima, después de Navidad se puede trasplantar o reciclar para obtener compost.

La poinsetia

La poinsetia o pascuero *(Euphorbia pulcherrima)* es una planta nativa del sur de México y del norte de Guatemala, donde florece a mediados de invierno. Fue introducida en Estados Unidos en 1895 por Joel Robert Poinsett, primer embajador norteamericano en México y un entusiasta de la botánica a quien esta planta debe el nombre por el que se la conoce comercialmente. Ya a finales del siglo XIX esta planta se había ganado el sobrenombre de «flor de Navidad» y era cultivada como planta ornamental. En 1910, los viveros Ecke (en Encinitas, California) cultivaban la poinsetia como planta de exterior. A lo largo del siglo XX, con la introducción de nuevas técnicas de cultivo, su importancia comercial aumentó. Su cultivo no se extendió en Europa hasta principios de la década de 1960, aunque se la conocía con anterioridad. Una de las primeras referencias de su cultivo comercial en Europa data de 1964 en Noruega.

La palma y el palmón

El Domingo de Ramos es costumbre llevar a bendecir palmas y palmones para conmemorar la entrada de Jesucristo en Jerusalén. Ambos se obtienen de la palmera datilera *(Phoenix dactylifera)*.

El proceso de elaboración de las palmas y palmones es artesano. Las palmeras se atan en el mes de octubre para protegerlas de la luz del sol y evitar así que realicen la fotosíntesis y se vuelvan verdes; de este modo adquieren su característica coloración amarillenta. En marzo se desatan y las hojas se tapan con un plástico negro que se mantiene hasta el siguiente mes de octubre, que es cuando cortan la palmera. Una vez las hojas cortadas y limpias de impurezas, se mojan con agua y lejía para eliminar los hongos y después se guardan en cámaras húmedas durante un mes y medio. Las hojas son trabajadas utilizando técnicas de cestería. Según si las hojas son gruesas o delgadas o son de la base o de las puntas, sirven para ornamentaciones distintas, para hacer bases de palma o como palmones. El palmón es la hoja entera.

En Cataluña, tradicionalmente las madrinas regalan la palma o el palmón a sus ahijados o ahijadas. Las niñas suelen llevar palmas trenzadas y adornadas con flores confeccionadas con las mismas hojas de palmera. Los niños y las niñas mayores llevan palmones. En algunas zonas existe la tradición de picar con el palmón en el suelo para «hacer escoba», que es la base abierta de la hoja, parecida a una escoba. Hasta hace unos años era costumbre colgar palmas y palmones bendecidos en las barandillas de los balcones para proteger la casa durante todo el año.

EL CIPRÉS

El ciprés *(Cupressus sempervirens)* es un árbol que está presente en muchas masías y que simboliza la hospitalidad, puesto que en las masías era costumbre hospedar a los visitantes. Dice la tradición que si había un ciprés, los caminantes que pasaban por delante tenían derecho a llevarse un poco de comida; si había dos, tenían derecho a sentarse en la mesa, y si había tres, podían pasar la noche.

Si hay algún lugar, sin embargo, con el que relacionemos los cipreses es el cementerio. Cuentan que en el Egipto de los faraones ya se asociaba el ciprés con la muerte y que en la antigua Roma estaba presente en los ritos funerarios. El color verde se asocia a la larga vida, y su punta señala a las almas el camino del cielo.

LA FLOR DE LA PASIÓN

Desengañaos, el nombre de «fruta de la pasión» con el que se conoce al maracuyá no proviene de la pasión sexual desenfrenada, si no de la pasión de Cristo. La planta, que es una enredadera bastante común, es la planta de la pasión *(Passiflora edulis)*, que cuenta con flores con tres pistilos (órgano sexual femenino) que parecen clavos. Decían las abuelas que eran los tres clavos con los que Cristo fue clavado en la cruz, y los estambres, las llagas, y los pétalos, que son delgados y alargados, la corona de espinas con la que fue coronado. La planta proviene de la Amazonia, y parece ser que los colonizadores españoles le dieron esta explicación teológica. Esta planta proporciona una fruta que se utiliza para preparar bebidas menos teológicas.

13
Curarse en salud

Plantas medicinales
Los remedios naturales son muy antiguos y la verdad es que, en general, funcionan... y si no ¡tampoco causan ningún daño!

Plantas curativas

Mi abuela, que vivió muchos años, curaba todos sus males a base de plantas. Recuerdo de pequeña un armario lleno de hierbas secas, que ella seleccionaba según las necesidades de cada emergencia.

También ahora tomamos hierbas. Si nos fijamos, después de la comida, la mayoría no la damos por terminada si no tomamos una infusión, sea de café, té, menta o manzanilla; eso sí, con las hierbas envueltas en unos sobres bien higiénicos. Hasta el café, que hasta hace poco era en polvo (y que unos años atrás venía en forma de granitos que teníamos que moler), resulta que ahora es una cosa que proviene de una cápsula a través de la cual, por un proceso mágico, se hace pasar agua y se convierte en bebida.

Existen tantas plantas medicinales que os pondríais enfermos sólo de intentar saber para qué sirve cada una de ellas, así que os voy a explicar unas pocas, ¡tampoco hace falta abusar! Las más conocidas son la manzanilla, la hierbaluisa, el tomillo o la hierbabuena, que podéis cultivar sin problemas en el balcón de casa. También existen otras plantas que se utilizan en casos especiales, como la ruda, el aloe, la hierba de las verrugas o la planta del azúcar. Sólo necesitan que les dé el sol y poca agua, ya que en la naturaleza crecen en lugares secos, y si las regamos demasiado se nos pudren.

 Las plantas medicinales más conocidas son la manzanilla, la hierbaluisa, el tomillo o la hierbabuena, que podéis cultivar en casa. Eso sí, se las debe situar en zonas soleadas y no regarlas en exceso.

Cuando las recolectéis, tenéis que dejar secar estas plantas en un lugar seco; es mejor cortar las ramitas y colgarlas boca abajo para que adquieran una buena forma cuando se sequen. Cuando estén bien secas podéis guardarlas en botes cerrados. Si las guardáis en un armario sin tapar os saldrán polillas.

Manzanilla
Hierba de flores blancas similares a las margaritas, de muy fácil cultivo, pues necesita pocos cuidados y poca agua. Las flores secas se utilizan en infusión para problemas intestinales. El agua de manzanilla se utiliza como antiinflamatorio y, según dicen las abuelas, sirve para curar las infecciones oculares, ¡pero deben ser las que no se ven!

HIERBALUISA

Se trata de un arbusto grande, de hojas aromáticas alargadas y pequeñas flores de color lila. Se utiliza para facilitar la digestión, para la tos, los mocos, las flatulencias y los nervios, y para relajarnos y ayudarnos a dormir bien.

SOPAS DE TOMILLO

El tomillo *(Thymus vulgaris)* se utiliza principalmente para facilitar la digestión. Las sopas de tomillo se daban a los enfermos que tenían poca hambre, y eran francamente sencillas de preparar: se trataba de hervir agua con una ramita de tomillo y sal y poner en el plato una rebanada de pan, un chorrito de aceite y un huevo, que se escaldaba con el agua hirviendo. Se dice del tomillo que posee además propiedades antibacterianas y que ayuda a cicatrizar las heridas.

HIERBABUENA

Planta digestiva que se utilizaba tradicionalmente para aligerar los dolores menstruales. También estimula el apetito, ayuda a hacer bien la digestión y a respirar bien cuando se está resfriado y combate el mareo. Es una planta muy invasiva, por lo que es mejor que la plantéis sola en una maceta, o corréis el riesgo de que ahogue al resto de vuestras plantas.

LA MAGIA DE LA RUDA

Algunos consideran que la ruda *(Ruta graveolens)* es una planta mágica que ahuyenta a los malos espíritus. Se trata de una planta de hojas verde grisáceo y flores amarillas de intenso perfume que crece hasta formar un pequeño arbusto. En las casas de payés siempre había una planta de ruda que se utilizaba para curar males diversos de tipo intestinal y para quitar el dolor y las migrañas en general, aunque su uso más conocido es como planta abortiva, por esa razón cuando de pequeños preguntábamos, los adultos solían salirse por la tangente sobre los usos de este vegetal.

Como curiosidad, la ruda hospeda unas orugas grandes de colores vivos, verdes, amarillos y naranjas que se convierten en una de las mariposas más bellas: la *Papilio machaon*, que tiene unos dibujos espectaculares ¡y unas alas de casi diez centímetros de envergadura!

Hierba de las verrugas

Se trata de la celidonia *(Chelidonium majus)*, una planta herbácea que se encuentra en lugares marginales y sombríos en las zonas mediterráneas. Su savia es cáustica y se utilizaba tradicionalmente para quemar las verrugas, cortando un trozo de su tallo y aplicando directamente el jugo sobre la lesión.

Aloe

El aloe *(Aloe vera)* es una planta de cultivo muy fácil, puesto que se trata de una planta crasa que necesita muy poca agua. Su savia se utiliza para hacer jabones, cremas para la piel y medicamentos diversos, pues tiene propiedades cicatrizantes y antiinflamatorias beneficiosas en caso de heridas y golpes en la piel. En las casas norteamericanas es una planta común en las cocinas para curar las quemaduras: si alguien se quema cocinando, se corta una hoja de esta planta y se aplica directamente sobre la herida.

LA PLANTA DEL AZÚCAR

La estevia *(Stevia rebaudiana)* es una de las últimas plantas en ponerse de moda en las cocinas. Proviene de Paraguay y de Brasil, donde desde la época precolombina se utiliza como edulcorante. Es un pequeño arbusto de hojas verdes un poco ásperas de color verde claro brillante. Se utiliza como sustitutivo del azúcar, sobre todo en personas a las que el azúcar se les ha prohibido por orden médica. Se emplea un brote o una hoja cortada como edulcorante en infusiones.

14
¿También hay plantas de moda?

Modas, *ins* y *outs*
Si echáramos un vistazo a las revistas de decoración de
hace treinta años tal vez nos llamaría la atención que las
plantas de antes no son las mismas que las de ahora.
¿Qué plantas han estado de moda y cuáles lo están ahora?

¿En las plantas también hay modas?

Si hacemos memoria recordaremos que en casa de nuestras
abuelas había unas plantas muy características. Seguro que
había hortensias, esparragueras, clivias, aucubas, aralias, peonías y aspidistras. Eran las plantas que estaban de moda en
los años sesenta. Aquélla era también la época de los ramos
de flor seca, que hoy han pasado definitivamente a mejor
vida.

Nuestras madres se modernizaron y deseaban llenar sus
casas de potos, filodendros, scheffleras, ficus de hoja grande y
kentias (éstas sólo las que podían, puesto que eran muy caras). Era la época de las grandes plantas tropicales, y potos y

filodendros trepaban en tutores de musgo; ahoya esos tutores ya ni se ven. A nuestras madres les gustaban las plantas de las casas que salían en los reportajes del *¡Hola!:* eran los años setenta.

 Las modas, por épocas:
- **Años 60: hortensias, esparragueras, clivias, aucubas, aralias, peonías y aspidistras.**
- **Años 70: potos, filodendros, scheffleras, ficus de hoja grande y kentias. Era la época de las plantas tropicales.**
- **Años 80: bonsáis y cactus. Plantas pequeñas y colecciones de todo tipo.**
- **Años 90: espatifilos, anturios y palmeras de toda clase. Cactus grandes y bambús.**
- **Y en lo que llevamos de siglo: zamioculcas y orquídeas. Aloe y plantas que puede uno mismo cultivar en su huerto urbano. Cuanto más ecológico, mejor...**

En los ochenta se pusieron de moda las cosas pequeñas, como los bonsáis, o los cactus miniatura, que iban en macetitas muy pequeñas. Había muchos tipos distintos de cactus y la gente los coleccionaba; también estaban de moda las plantas «in vitro», cultivadas en laboratorios a partir de células vegetales, y que iban en botes de vidrio cerrados y se criaban en una gelatina, que no es la «gelatina» que se utiliza ahora, sino una sustancia (el agar-agar) que se extrae de unas algas y que es el medio de cultivo que se utiliza en los laboratorios para cultivar hongos y bacterias. Estaban de moda las plantas pequeñas y se construían minijardines en garrafas, botellas y peceras de vidrio. También se pusieron de moda las plantas «hidropónicas», que se cultivaban en bolitas de arcilla expandida en lugar de sustrato. Era así mismo la época de las plantas artificiales, hechas con tela o plástico, y que comenzaban a imitar muy bien a las naturales. Las flores de moda eran las azaleas y las violetas africanas, y las plantas se plantaban en jardineras. Se combinaban plantas distintas en una jardinera larga, tanto en interiores como en exteriores. Era como si de algún modo estuviésemos construyendo minijardines temáticos.

En los años noventa dejamos de combinar y las plantas volvieron a estar solas. Las plantas de moda para el interior de las casas eran los espatifilos, los anturios y las palmeras de cualquier clase. También se pusieron de moda los grandes cactus y los bambús. Era la época del minimalismo. Se plantaban pocas plantas, y las pocas que había estaban en macetas individuales. Algunos aficionados más atrevidos se entretuvieron en cultivar plantas carnívoras, aunque la moda duró poco, puesto que se trata de plantas muy delicadas.

A principios del siglo XXI se puso de moda la zamioculcas, que salía en todas las revistas de decoración y que fue potenciada por los almacenes de muebles de diseño. Se trata de una planta cuyas hojas salen desde la base, y que tienen dos renglones de hojitas redondeadas de color verde brillante. También fue la época de las orquídeas, que dejaron de ser tan caras al cultivarse masivamente y que hoy se han convertido en plantas comunes. Las orquídeas se suelen plantar en una gelatina que a veces puede ser de colores: se trata de los hidrogeles, sustancias que se hinchan cuando absorben agua.

Otras plantas de moda eran los tronquitos o bambús de la suerte, que en realidad no son bambús sino drácenas de las que se comercializan los tronquitos con brotes, que se cultivan en agua. Otra de las plantas que estaba en todas las casas era el aloe, que parece que sirve para todo. También con el cambio de siglo volvió la moda «retro», las plantas de las abuelas, y hasta a algunos les dio por redescubrir plantas antiguas.

Las revistas de decoración se empeñan en recomendar plantas de moda: si este año se llevan los colores pastel, las plantas tienen que tener flores de color pastel para estar a la última, y si se llevan los colores vivos, pues tienen que tener flores de colores vivos. Pero en realidad lo que crea tendencia es ver al artista de moda en el salón de su casa rodeado de plantas. Los políticos también han sido prescriptores de modas vegetales: el presidente Felipe González era un gran aficionado a los bonsáis, que se pusieron de moda durante su legislatura; ahora Barack Obama (bueno, su mujer Michelle) se ha aficionado a los huertos urbanos y uno es un don nadie si no tiene un huerto urbano en la terraza de casa.

Lo más actual es lo ecológico. Se llevan las gramíneas en los balcones, como las festucas, y así como hasta ahora las plantas de interior y balcón más apreciadas eran las tropicales, en la actualidad las plantas de moda son las autóctonas, las aromáticas y los frutales. La gente joven empieza a ser sensible a los temas medioambientales y valora más reencontrarse con la naturaleza. Una de las plantas más utilizadas en jardinería ecológica es el *Sedum*, del que existen más de cuatrocientas especies.

Lo que ya no se lleva

Siempre me ha hecho cierta gracia cuando en las revistas de decoración preguntan a los decoradores lo que está *in* y lo que está *out*, conceptos que me resultan muy relativos y que parece que únicamente dependan de si el experto se ha levantado con el pie derecho o el izquierdo o se ha tomado antes tres tequilas. Pero como de esto se nutren páginas y más páginas de revistas de moda, os voy a dar mi versión particular.

Para mí están más que gastados (es decir, *out*):

EL JARDÍN MINIMALISTA
Es el jardín más simple. Normalmente de piedras, maderas y hormigón. Las plantas son tan escasas que me parece que llamarle jardín muchas veces es una exageración.

EL JARDÍN ZEN
Es la versión occidental del jardín japonés de meditación. Cuantas más piedras, más zen parecía. Como este jardín es tan antiguo y se ha redescubierto tantas veces, también lo pongo en la lista de los obsoletos.

LA TERRAZA CHILL OUT
Chill out en ingles significa «relajarse». Se trata de la terraza que crea un ambiente relajado e inspirador que da tranquilidad. Suele incorporar un espacio para comer en un ambiente relajado: madera, cojines y materiales naturales. En estos espacios tienen importancia la luz, los olores y la música; la co-

mida ideal para este tipo de jardín es el sushi. En fin, ¡que también lo pongo en la lista de los caducados!

Lo que se lleva ahora

En cambio, lo que se lleva, lo que está *in*, y que vaya, que son los que me gustan y creo que van a más:

Los huertos urbanos
Es el cultivo de plantas de huerto en el balcón de casa. Para no pasar hambre.

Los jardines ecológicos
Utilizar productos ecológicos para alimentar y cuidar las plantas. No malgastar agua, no malgastar energía. Conciencia ecológica, que la vamos a necesitar en los años que vienen.

Las latas y los objetos reciclados para contener plantas
No es necesario comprar grandes jardineras; en los jardines de nuestras abuelas se aprovechaban las latas de olivas y de aceite, bidones y cajas de madera de las de verduras para cultivar las plantas. No hacía falta comprarlo todo. Aunque hay quien compra latas que parecen antiguas en tiendas de moda a precios desorbitados.

Okupar espacios públicos
En las principales ciudades de Europa y de Estados Unidos

existen movimientos urbanos que se dedican a plantar en los espacios públicos. Algo no va bien cuando existe esa necesidad de *okupar* incluso con fines ornamentales.

COMPARTIR LAS PLANTAS CON LOS VECINOS
La jardinería particular parece que se ha terminado, las plantas empiezan a tener un importante rol social.

LA ARQUITECTURA VEGETAL
Los muros vegetales, las cubiertas ecológicas y los jardines hidropónicos, las casas bioclimáticas, el ahorro de energía, ¡sin duda!

Ha terminado la época de la meditación y debemos pasar a la época del activismo. Si queréis estar de moda de verdad mezclad toda clase de plantas y estilos, como en los restaurantes de cocina de fusión. Dadle un toque salvaje y natural y seguro que estaréis a la última.

Plantas virtuales

Las plantas virtuales también se están poniendo de moda en los ordenadores. En Facebook ha batido récords un juego: Farmville. Personas de todo el mundo han decidido apostar por la vida rural y el cultivo de hortalizas como válvula de escape de un sistema de vida urbano cada vez más agobiante y, curiosamente, lo hacen a través del ordenador.

En Farmville, a cada jugador se le asignan unas parcelas y

unas semillas para sembrar, cultivar y recolectar hortalizas que puede vender con dinero virtual. Con este dinero se pueden comprar más parcelas, semillas o animales de granja. El juego permite ir añadiendo vecinos con los que compartir la cosecha y hasta hacerles regalos.

El éxito de este juego se basa en que permite, aunque sea virtualmente, huir de la vida urbana y volver al mundo rural. Además fomenta las redes sociales, incluso más allá de internet, puesto que en Estados Unidos los amigos se reúnen para compartir experiencias y pequeños trucos para obtener mejores cosechas, y no estamos hablando sólo de adolescentes: hay profesionales ya mayorcitos que se despiertan pasada la medianoche para recolectar sus cosechas a tiempo.

 En el juego virtual Farmville, cada uno puede cultivar su huerto y cuidar de su granja para huir, aunque sea a través de la pantalla del ordenador, de la vida urbana.

También se está poniendo de moda tener una planta virtual en el escritorio del ordenador. Google tiene una planta de tulipán que podemos alimentar a golpe de ratón y que va creciendo a medida que le damos su alimento virtual. De hecho, las plantas ya se utilizaban como fondo de pantalla desde hace tiempo. ¡Si es que en el fondo nos gusta rodearnos de plantas!

15
La crisis vegetal

Huertos urbanos, flores comestibles y plantas aromáticas
Crear un huerto urbano para ahorrarnos ir al súper. Cuando la crisis nos toca el bolsillo, quizá podemos ahorrarnos unos dineritos si plantamos cebollas y tomates en nuestro balcón, pero... ¿es posible?

Huertos urbanos

Los huertos urbanos son aquellos que tenemos en las ciudades, ya sea en plazas o zonas municipales destinadas a tal efecto o bien en las azoteas de edificios o en terrazas y balcones. Pueden ser vecinales o comunitarios, o particulares si los ponemos en nuestra casa. La nueva arquitectura empieza a integrar los huertos en la edificación, creando espacios destinados a estos fines y las mesas de cultivo, lo que comercialmente se conoce como mesa para huertos urbanos, se están poniendo de moda en las terrazas de los pisos. ¿De dónde viene esta afición por las verduras?

Crisis que nos hacen apreciar los vegetales

La **crisis económica** nos ha hecho más pobres, y llenar el carro del supermercado cada vez nos cuesta más. Así, si podemos ahorrarnos un dinero plantando lechugas y cebollas en nuestra terraza, pues todo eso que ganamos. El bolsillo ha sido una de las razones por las que los huertos urbanos se han puesto de moda. En 1837, el que fue primer alcalde de Chicago, William Ogden, se planteó que la mejor manera de alimentar a los conciudadanos en tiempos de crisis era que cada uno cultivase su propio huerto. Pero no sólo en los países ricos se hacen huertos urbanos: Naciones Unidas promueve los huertos urbanos para alimentar a los más desfavorecidos. Así, mientras en ciudades como Nueva York, Chicago, Detroit o Londres el cultivo de hortalizas se está implantando como complemento a la cesta de la compra, también existen desde hace años huertos en ciudades como La Habana, donde suplen con éxito la escasez de alimento.

 Las crisis que hemos acumulado hoy en día (económica, de sabores, del *fast food*, ambiental y de la globalización) han llevado a apostar cada vez más por el retorno al cultivo de verduras como se hacía antaño, de los productos ecológicos, del huerto para consumo propio...

No sólo existe la crisis del dinero, también hay una **crisis de sabores**, que nos hace añorar aquellos tomates que sabían a tomate. Las verduras y frutas se recolectan cuando todavía están verdes para poder ser transportadas a distancia y comercializadas alrededor del mundo. Nuestros abuelos comían cerezas en verano y nosotros nos hemos acostumbrado a comerlas todo el año. Y eso no sólo sucede con las cerezas. No se nos ocurre ir al supermercado y no encontrar tomates, ¿no es verdad? Mi familia está convencida de que a mí no me gusta el tomate, pero en verano me harto de comer tomates si tengo la suerte de encontrarlos acabados de coger. ¡Es que yo soy de payés! Las cámaras de conservación son un invento maravilloso que nos permite tener frutas y verduras frescas todo el año, pero entre las cámaras y la selección de variedades que se adaptan a la conservación hemos matado el sabor de las verduras.

La **crisis del** *fast food* y el redescubrimiento de la cocina mediterránea también nos lleva a comer más vegetales. Hasta la señora Obama estuvo en el programa *Sesame Street (Barrio Sésamo)* enseñando a niños y niñas a plantar huertos de tomates, lechugas y pepinos y a comer de un modo más saludable. Como consecuencia, el famoso «monstruo de las galletas» tuvo que salir en un programa de televisión explicando a los más pequeños que el pobre había cambiado de hábitos y que se había dado cuenta que comía muy poco sano y que ahora se había pasado a las verduras, en un acto de contrición que le hacía parecer el mismísimo Maradona.

La **crisis ambiental** nos permite apreciar más los productos ecológicos cultivados sin pesticidas que dejan residuos y que no sabemos el día de mañana qué enfermedad rara nos deparará; como ya pasó hace años con el DDT, un insecticida que se utilizó para combatir las plagas de todo tipo de cultivos hasta los años setenta, que puede provocar toda clase de enfermedades y problemas mentales, y que resulta que todos tenemos todavía acumulado en nuestros tejidos grasos, con el riesgo de que se lo podemos pasar a nuestros hijos a través de la leche materna. En su huerto ecológico, en la Casa Blanca, los Obama emplean como abono únicamente productos naturales, sin pesticidas químicos. La conciencia ambiental nos ha llevado a utilizar menos productos químicos y a reutilizar los residuos para hacer compost.

La **crisis de la globalización** y la certeza de la amenaza del cambio climático nos llevan igualmente a repensar los grandes movimientos de mercancías alrededor del mundo. El transporte a largas distancias supone una excesiva generación de CO_2, por esa razón los más concienciados también atacan la comercialización de frutas y verduras que se transportan en barco para satisfacer nuestras ansias invernales de cerezas.

¿Por dónde empezamos con los huertos urbanos?

Los de ciudad hemos acabado perdiendo la noción de lo que son los cultivos; entre que se enseña poco en las escuelas, que tenemos poco tiempo para observar la naturaleza –y por ello no sabemos distinguir una hoja sana de una enferma– y que ya no sabemos ni qué cambios se suceden en las distintas estaciones del año, la tarea de empezar a hacer un huerto urbano nos puede parecer difícil. Sólo hace falta ser observador y tener paciencia, puesto que las plantas las tenemos que cultivar antes de que podamos comerlas, y eso significa que deberemos planificar y saber esperar a que la naturaleza siga su curso, ¡y acostumbrarnos a comer verduras de temporada!

Lo primero que necesitamos es la luz del sol. Si nuestra terraza no tiene sol suficiente, ya nos podemos olvidar de nuestro huerto urbano. Aunque existen plantas que aguantan con poca luz, como las acelgas, las espinacas o las fresas, la mayoría necesitan que les dé el sol durante una buena parte del día y al mediodía, no a primera o última hora de la tarde. De todos modos, si tenéis poco sol, podéis utilizar luces artificiales, que se venden en las tiendas de plantas.

Otra de las cosas que vais a necesitar es una mesa de cultivo, que es como una mesa a la que en su superficie se ha hecho un cajón donde se pone la tierra y se plantan las plantas. Las venden de diversas medidas y alturas, normalmente tienen de cincuenta centímetros a un metro de ancho por un metro o más de largo. Cuanto más grande sea la mesa, más verduras podréis plantar; debéis tener en cuenta que necesitaréis espacio para moveos alrededor de la mesa. La altura de las mesas suele oscilar entre sesenta y cinco centímetros y un metro. Suelen ser de madera o metálicas, o combinadas con madera y patas metálicas.

 Para crear un huerto urbano hay dos elementos esenciales: la luz (la del sol o luz artificial) y una mesa de cultivo donde plantar las verduras.

La base de la mesa suele tener unos agujeros para que se vaya el exceso de agua o bien unas rejas sobre las que deberemos poner una tela especial de drenaje (por lo general, las mesas vienen con unas telas que se denominan geotextiles y que no se pudren, o con mallas plásticas que se utilizan para que la tierra no se vaya por los agujeros). Algunas mesas también tienen cajones o estantes debajo para guardar las herramientas y las semillas.

Existen también «mesas» con formas distintas: estantes donde colgar las plantas, bolsas colgantes y algunas que son jardineras puestas una encima de la otra. De hecho, no es necesario tener un contenedor especial; con unas cuantas macetas y jardineras ya os funcionaría, pero la mesa es práctica, porque no hará falta que os agachéis.

Dentro de la mesa de cultivo debemos poner un sustrato especial para plantas de huerto. Tiene que ser un sustrato que retenga humedad suficiente y a la vez drene bien, es decir, que el agua no se encharque. Normalmente en las tiendas encontraréis sustrato especial para plantas de huerto.

Existen mesas con un sistema de riego automático incorporado, que se conecta con un programador de riego a la red y que se puede programar para que se riegue cuando queramos; de todos modos, como las mesas no son muy grandes, con una regadera un poco grande será suficiente.

Una vez tengáis la instalación hecha −ya veis que es muy sencillo− viene la segunda parte: ¿qué plantamos?

¿Qué verduras planto?

Podéis sembrar las verduras a partir de semillas o bien las podéis comprar de plantel. Si queréis sembrar semillas, es más fácil hacerlo en una bandeja y, cuando estén bien enraizadas, trasplantarlas a la mesa de cultivo. Algunas plantas –rábanos, perejil, espinacas o zanahorias– se siembran directamente. Lo más sencillo es comprar los planteles: en cada temporada encontraréis los propios de la estación. En primavera encontraréis casi de todo: acelgas, albahaca, apio, berenjena, cebolla, calabacín, escarola, lechuga, melón, pepinos, pimientos, puerros, sandía, tomate o perejil. En otoño plantaréis cebollas, acelgas, apios, coles, coliflores, escarolas, lechugas, perejil o puerros.

Las acelgas, espinacas, lechugas, perejil, coles, apios, puerros, rábanos y zanahorias las podéis recolectar prácticamente durante todo el año. Las verduras de verano son los ajos, berenjenas, calabacines, guisantes, judías, melones, pepinos, pimientos, sandías y tomates. En otoño cosecharéis boniatos, calabazas, coliflores o escarolas, y en primavera, ajos, escarolas, nabos, habas y guisantes. En invierno comeremos habas, escarolas y nabos, además de las verduras de todo el año.

Plantas aromáticas culinarias

Existen plantas aromáticas para todos los usos: las medicinales, las que se utilizan para hacer perfumes y las culinarias. En general, las mismas plantas sirven para las tres cosas, por eso se suelen englobar dentro de un mismo grupo. Muchas de ellas las podemos cultivar fácilmente en casa para utilizarlas para la cocina. Las más fáciles son el romero, el tomillo, el orégano, el laurel, la salvia, la ajedrea, la hierbabuena, el cilantro, la albahaca, el cebollino y el perejil. La mayoría de estas plantas necesitan mucha luz, así pues, por muy decorativas que queden en la cocina, si no tenéis mucha luz lo tenéis mal. Excepto el laurel, que es un arbusto grande, las otras son plantas pequeñitas que se pueden tener en macetas pequeñas. El perejil, el cilantro y la albahaca son plantas de temporada que deberéis sembrar cada año, y el resto son plantas que os van a durar unos cuantos años. Todas ellas son plantas que necesitan muy poca agua.

No caigamos siempre en la rutina

En esta vida, si siempre acabamos haciendo lo mismo, nos aburrimos. Por eso vamos buscando continuamente experiencias nuevas. El último grito en gastronomía son las flores. Cada vez es más frecuente encontrar flores en las ensaladas de los restaurantes de moda. Y es que muchas flores son comestibles. Entre las comestibles están la begonia, la caléndula, la capuchina, clavel, borraja, calabacín, albahaca, salvia, pensamiento, petunia, rosa o clavel de moro.

También existe una gran variedad de plantas de hoja pequeña o *baby*, como las lechugas pequeñas y la rúcula, y no olvidemos que existe una larga lista de plantas que sirven para condimentar los platos, como las hierbas aromáticas: albahaca, cebollino, cilantro, orégano, perejil, romero, salvia, tomillo, laurel, ajedrea o hierbabuena.

Y es que si siempre comemos lo mismo, no es de extrañar que no le encontremos ninguna gracia a las verduras. En casa, cuando era pequeña, comer verdura significaba comer judías verdes con patatas hervidas. Y os aseguro que aún hoy aborrezco las judías. Pero si un día comemos flores de pensamiento, y al siguiente hojas de lechugas de colores distintos, y al otro día ensalada de petunias y claveles con trocitos de manzana, ¡seguro que cocinar y comer verduras no nos resulta tan pesado!

 Para no aburrirnos comiendo siempre lo mismo, recordad que muchas flores pueden comerse como verdura (desde las begonias y los pensamientos, hasta las petunias y las rosas), y que se pueden cultivar un montón de hierbas aromáticas (desde la albahaca y el perejil, hasta el cilantro y la salvia).

¡Pero ahora que no os dé por experimentar con cualquier cosa! No todas las hojas ni todas las flores se pueden comer, tenéis que aseguraos que se trata de plantas comestibles. Otra cosa que debéis tener en cuenta es que no se pueden coger de cualquier sitio si no sabéis qué les han puesto; podría ser que las hubiesen tratado con algún pesticida tóxico, y en ese caso la ensalada os saldría bastante mal. Claro que para eso no hace falta que sean flores, a veces los tomates de la huerta tienen más pesticidas que los que compramos en los supermercados. Debemos mirar siempre si hay productos extraños en la superficie, como polvos amarillentos o blancos, que pueden indicar que han sido tratados recientemente con productos químicos. Los productos ecológicos no es que sean más nutritivos que los que no lo son, lo que sí tienen es que no contienen residuos de pesticidas. Pero aseguraos de que sean ecológicos de verdad.

16
¿Okupar o compartir?

Compartir con los vecinos, guerrillas verdes y huertos comunitarios
La jardinería no tiene por qué ser una actividad individual; compartir esta afición con los amigos le da un nuevo sentido.

Compartir con los vecinos

En la época de nuestras abuelas era frecuente que las amas de casa se intercambiasen esquejes y semillas de plantas. Quizá porque tenían más tiempo, o tal vez fuera la única manera de hacer amigas. Como no podían ir al gimnasio o a tomar una copa, como se hace ahora, compartir el esqueje daba una especial complicidad femenina.

Sin embargo, en los últimos años todos hemos abrazado un modo de vivir muy individualista: han sido épocas de competitividad, de no compartir, sino de ver quién la tenía más grande y más bonita. Pues bien, ya os podéis ir haciendo a la idea de que esta época se ha terminado y que ahora toca volver a compartir. Si tenéis un huerto en la terraza de casa, ¿por qué no compartís las verduras con vuestros vecinos a cambio de otras verduras o plantas? No es necesario gastar dinero para todo, tenemos que volver a saber vivir en comunidad. Además, ¿qué vais a hacer con tantos tomates si los podéis cambiar por pepinos o zanahorias?

Los jardineros antisistema

Las tendencias *okupas* también han llegado a la jardinería. Parece ser que el movimiento empezó hace ya unos años, en 1973, en el Lower East Side de Manhattan, en Nueva York, una zona muy degradada donde un grupo de vecinos creó las Green Guerrillas (Guerrillas Verdes) y empezó a ocupar terrenos marginales para construir jardines. La mayoría de estos terrenos eran espacios abandonados donde crecían los hierbajos y se acumulaban escombros. Estos jardines se convirtieron en jardines comunitarios y atrajeron a artistas y creadores de todas las clases, que de algún modo limpiaron la zona y alejaron drogas y delincuencia. A la alcaldía de Nueva York, sin embargo, que se ocuparan estos terrenos no le gustaba demasiado, y en 1996 comenzó una campaña para eliminar los jardines y favorecer la construcción de viviendas en estos espacios. Pese a ello, en Nueva York el movimiento continúa activo.

Durante los últimos años, este movimiento se ha ido extendiendo por Europa. En Milán existe una asociación llamada Landgrab, creada en 2006, y que se ocupa de organizar hasta jornadas de «jardinería crítica» y equipos de jardineros *okupas* y promueve la ocupación de jardines en zonas urbanas a los que denominan *«transgardens»*. El ayuntamiento de Milán tampoco le encuentra la gracia a este sistema de hacer jardinería.

 En los años setenta, aparecieron en Estados Unidos las Guerrillas Verdes, que se extendieron por Europa. Este movimiento reivindica la ocupación de espacios públicos marginales o abandonados para crear jardines.

En Holanda, la agricultura de guerrilla está organizada por el GroenLinks, el partido de los verdes, y la capitanea un grupos de jardineros que plantan en los lugares más insólitos: desde espacios desocupados hasta carritos del supermercado. Los Guerrilla Gardening suelen plantar por la noche.

No sé si en homenaje al personaje de los cómics de Tintín, obra de Hergé, pero en Bruselas existe el curioso caso de la Guerrilla Tournesol (Guerrilla Tornasol, «girasol» en francés), especializada en la plantación salvaje de girasoles en la capital belga.

Desde 2008 también existe en Madrid el movimiento Guerrilla Gardening, que suele llevar a cabo sus actividades guerrilleras con nocturnidad y «alevosía»; se define a sí mismo como un movimiento de jardinería política no partidista, y está relacionado con los derechos de uso del suelo, la sostenibilidad, la equidad, el bienestar y la belleza. Lo que hacen es *okupar* un espacio de dominio público, sea un parterre, una jardinera o una rotonda, y plantar especies ornamentales o de huerta.

El Guerrilla Gardening debe su nombre a las bombas de semillas, que fueron creadas en Nueva York. Consisten en un puñado de tierra en el interior del cual se coloca una semilla y abono. Estas «bombas» eran lanzadas en espacios abandonados para que creciesen plantas ornamentales. Como curiosidad, las primeras bombas de semillas estaban hechas con condones.

Los huertos comunitarios

Iniciativas públicas diversas están difundiendo el sistema de huertos comunitarios, llamados también huertos de ocio, que van consiguiendo poco a poco el apoyo de las administraciones. Se crean alrededor de las ciudades y son gestionados por vecinos que trabajan de modo conjunto, o bien en parcelas que se adjudican a familias o a jubilados. Generalmente se trata de huertos ecológicos y muchos de ellos tienen funciones educativas, puesto que en ellos se forman escuelas taller. En estos huertos suelen realizarse actividades comunitarias, como hacer compost. En numerosas ciudades de Europa y América existen espacios públicos destinados a estos fines.

Mi abuelo tenía un huerto en Barcelona: él era payés y vivió como un payés toda la vida en la ciudad. Creo que nunca habría pensado que lo de hacer de payés hoy en día se consideraría un lujo, aunque pienso sinceramente que mi abuelo, que era muy listo, ya sabía el lujo que era y que tenía el trabajo más bonito y agradecido del mundo.

17
La jardinería ecológica

Cambio climático, xerojardinería, ahorro de agua, compost, humus de lombriz, tratamientos naturales, reciclaje
Todas las plantas son por naturaleza ecológicas, pero en función de lo que les pongamos, nuestro balcón o terraza será ecológico o no.

Nuestras plantas y el cambio climático

Todas las plantas son ecológicas por naturaleza, ya que contribuyen a reducir los gases nocivos y generan oxígeno.

El dióxido de carbono o CO_2 acumulado en la atmósfera terrestre es uno de los gases responsables del cambio climático. Se acumula en exceso en la atmósfera a causa de la actividad humana, que emite CO_2 de modo descontrolado, principalmente por el uso de fuentes energéticas derivadas del petróleo, que en su combustión liberan dióxido de carbono.

Los bosques, los prados y los océanos son sumideros naturales de CO_2, y en ellos tienen lugar reacciones que hacen que el carbono se acumule y pase a formar parte de la materia orgánica. Los vegetales son los responsables naturales de captar CO_2, ya que necesitan este gas para llevar a cabo la fotosíntesis y por esa razón consumen el dióxido de carbono atmosférico que transforman en compuestos orgánicos. No obstante, cada vez hay menos árboles para captar las crecientes cantidades de carbono atmosférico; la deforestación llevada a cabo durante años ha contribuido a que empeore la situación y aumente el nivel de CO_2 de la atmósfera. Siguiendo este razonamiento, las plantas tienen un papel importantísimo en la lucha contra el cambio climático.

Durante la fotosíntesis, las plantas absorben dióxido de carbono y liberan oxígeno, de modo que un arbusto pequeño puede llegar a capturar un kilogramo de dióxido de carbono al año; un arbusto grande, sobre los cinco kilogramos; un árbol de cinco años puede llegar a capturar quince kilogramos de CO_2 anual, y un árbol maduro, hasta doscientos cincuenta kilogramos por año.

Pongamos un ejemplo: un ficus de hoja pequeña *(Ficus benjamina)* puede consumir cinco kilogramos de CO_2 en un año. Si tenemos en cuenta que un vehículo mediano emite unos ciento cincuenta gramos de CO_2 por kilómetro, una lavadora emite unos ciento treinta gramos de CO_2 por lavado y una nevera emite casi veinte kilogramos de CO_2 al año (estos dos indirectamente a través del consumo eléctrico), nuestro ficus sería capaz de compensar más de treinta y tres kilómetros de desplazamiento en coche; podríamos hacer más de treinta y ocho lavados y usar durante tres meses la nevera sin sentirnos culpables del cambio climático. Pero tampoco se trata de que las plantas se conviertan en una excusa para los excesos: las plantas nos ayudarán, pero debemos ser en todo momento conscientes de que es necesario cambiar nuestros hábitos de consumo.

 Todas las plantas son ecológicas por naturaleza, ya que contribuyen a reducir los gases nocivos y generan oxígeno. Para serlo también nosotros, podemos controlar el agua que empleamos para ellas y moderar el uso de productos químicos, ambiándolos por abonos ecológicos.

Podemos hacer muchas cosas para mejorar el medio ambiente, como por ejemplo, consumir menos agua y menos productos químicos. Podemos seguir técnicas que nos lleven a gastar menos agua en el cuidado de las plantas y también podemos utilizar abonos ecológicos, como el compost. Y no olvidemos que para combatir plagas y enfermedades no siempre es necesario utilizar productos químicos.

La xerojardinería

La palabra «xerojardinería» es la traducción del término inglés *xeriscape*, que define unas técnicas de jardinería enfocadas al ahorro de agua. Estas técnicas concretas fueron introducidas en el Estado español en 1991 (en 1993 yo misma traduje la palabra *xeriscape* y la registré como «xerojardinería»).

La idea original de la xerojardinería es describir y aplicar técnicas que tienen como fin ahorrar agua. Actualmente, con el debate sobre sostenibilidad que tiene lugar en todo el mundo, al ahorro de agua deberíamos añadir aspectos tan importantes como pueden ser los derivados del uso de pesticidas o de abonos, no sólo en lo que se refiere a la jardinería en concreto, sino también en lo que afecta a los sistemas productivos de las especies ornamentales que nutren a la jardinería. De hecho, es lo que se conoce como jardinería sostenible, jardinería ecológica o el redescubrimiento de la jardinería mediterránea, entre otros, que igual que la xerojardinería expresan criterios similares de eficiencia en el uso de recursos en lo que a jardinería se refiere.

La xerojardinería se enfoca al ahorro de agua siguiendo unas sencillas pautas de aplicación para reducir su consumo que pueden aplicarse en jardines y en nuestras casas.

En la época en que surgió, la xerojardinería tenía pocas pretensiones: era una manera de dar unas pautas que todos fuésemos capaces de entender y aplicar con el fin de reducir el consumo de agua en los jardines, tanto en el ámbito público como en el privado.

Lo primero que debo explicar es la necesidad del ahorro de agua en jardinería. Se deben considerar dos vertientes: la primera, la falta de recursos hídricos que sufren muchas zonas, lo que limita directamente su disponibilidad; lo segundo, el coste energético de producir agua. Para regar la mayoría de los jardines, sobre todo los privados, se utiliza agua de red, potabilizada. De ese modo se malgastan recursos energéticos dándoles un uso del todo innecesario, ya que las plantas no necesitan agua transformada en potable bajo criterios de consumo humano. Todo ello repercute en el coste del agua de red y en el coste energético global. En muchos lugares se está empezando a estudiar el uso de aguas grises para regar las plantas. Las aguas grises son las que provienen de la limpieza de la casa (a diferencia de las aguas negras, que provienen de los váteres): aguas provenientes de las lavadoras, de las duchas... Si utilizáis aguas grises, sin embargo, deberéis emplear jabones ecológicos y no poner lejía, o mataríais a las plantas.

La xerojardinería basa su concepto en una serie de pautas sencillas para disminuir el consumo de agua:

1. Planificar, programar, diseñar los jardines según las necesidades reales, agrupando las plantas según sus necesidades de riego, a fin de no regar en exceso las que no necesitan tanta agua ni dejar sin riego las que necesitan más.
2. Conocer las propiedades del suelo donde se va a construir el jardín, para así utilizar especies que se adapten y favorecer que las raíces crezcan en profundidad y aprovechen el agua de un mayor volumen de suelo.
3. Seleccionar plantas que se adapten bien a la zona donde debe instalarse el jardín, conocer el clima y los microclimas para situar las plantas adecuadas en cada lugar. Las plantas bien adaptadas son mucho más eficientes.
4. Utilizar bien el césped y evitar ponerlo en zonas donde no tiene ninguna utilidad, como por ejemplo, en márgenes y

pendientes, y sembrar especies y variedades de céspedes seleccionados que sean más eficientes en el uso del agua y que, afortunadamente, podemos ya encontrar en los comercios.

5. Usar sistemas de riego distintos según las especies y las zonas a regar; no es necesario regar todo el jardín por aspersión, se pueden utilizar sistemas que hagan un mejor uso del agua, como el goteo.

6. Aplicar técnicas como el acolchado, que consiste en poner una capa de corteza de pino o de otro material orgánico grueso sobre la superficie de la tierra, lo cual permite disminuir las pérdidas por evaporación. Estos materiales también se pueden utilizar para cubrir zonas marginales que dificultan el establecimiento de plantas.

7. Hacer el mantenimiento del jardín de modo que resulte en un mejor aprovechamiento del agua. El mantenimiento debe estar orientado a favorecer el desarrollo de las raíces y dar mayor resistencia a la sequía. La poda debe ser mínima, para que las plantas crezcan de manera natural. Cuanto más natural sea el crecimiento de las plantas, más resistentes serán a la sequía.

Estas pautas han sido pensadas para los jardines. Pero en la práctica podéis tomar nota de unos cuantos consejos que a buen seguro os van a servir para tener plantas frondosas en vuestro piso y no malgastar recursos:

– Aprovechad para regar las plantas con el agua de la ducha que dejáis correr hasta que alcanza la temperatura adecuada.

- Regad durante las horas que no dé el sol.
- Escoged bien las plantas y utilizad plantas autóctonas, que se adapten bien a vuestro clima, puesto que son más eficientes en ahorrar agua.
- No mezcléis plantas que necesitan mucha agua con plantas que necesitan poca, así no regaréis en exceso las plantas que necesitan menos riego.
- Si tenéis una terraza grande, pedid que os instalen un riego por goteo, o si sois mañosos, instaladlo vosotros mismos.
- Proteged la tierra con una capa de material orgánico, como la corteza de pino o la madera triturada; evitará la evaporación del agua.
- No podéis demasiado las plantas, dejadlas vivir de manera natural: estarán más sanas y consumirán menos agua y abono.
- No reguéis con demasiada frecuencia, es mejor regar con más agua pero con riegos más espaciados: las plantas se acostumbran a vivir con menos agua.
- No queráis tener plantas que no se adapten a vuestro clima; los jardines tropicales están muy bien en los trópicos, pero las plantas propias de otros climas también pueden ser muy bellas.
- No fertilicéis las plantas en exceso, pues si crecen demasiado necesirarán más agua.
- Acostumbraos a regar las plantas de los balcones y terrazas según sus necesidades, estableced un calendario de riego y seguidlo a rajatabla.

El abono ecológico: el compost

En la naturaleza, cuando los seres vivos mueren, se descomponen por la acción del aire, el agua, la temperatura y otros seres vivos y se transforman en materia orgánica. La materia orgánica es útil para el suelo, al que da vida, lo ayuda a retener agua y nutrientes y lo protege de la erosión. En la naturaleza esta transformación se realiza lentamente: la materia orgánica es un abono natural que dosifica los nutrientes poco a poco.

Podemos obtener materia orgánica a través de la transformación adecuada de los residuos orgánicos, que son los restos de alimentos y los excrementos de animales como el estiércol. Los residuos orgánicos suelen ser muy húmedos y huelen mal, y deben estabilizarse para poder utilizarlos como abonos. Este mecanismo por el cual se estabilizan se denomina compostaje, y el producto resultante es el compost: el compostaje se define, pues, como el proceso que nos permite transformar los residuos orgánicos en compost. Durante este proceso se eliminan los aspectos negativos como el mal olor o el exceso de humedad, y el resultado es un producto beneficioso para el suelo y el crecimiento de las plantas. Este proceso se lleva a cabo gracias a la acción de los microorganismos (hongos y bacterias) especializados, que necesitan aire y agua.

El compost que se pone en el suelo es un abono orgánico que repone los nutrientes consumidos por los cultivos y que va liberando de forma controlada los nutrientes, a medida que la planta los necesita. Cuando utilizamos compost no necesitamos fertilizantes minerales, con lo que reducimos la aplicación de abonos químicos. El compost reduce también el riesgo de enfermedades, puesto que si está bien hecho se hallará libre de organismos nocivos; posee en cambio organismos beneficiosos para las plantas, pues atacan a los hongos que podrían ser perjudiciales.

 Para fabricar nuestro compost casero deberemos mezclar restos de hojas secas, de plantas, de flores y de hierbas, y restos de poda cortados bien pequeños, junto con las sobras de la cocina: poso de café, bolsas de infusión, cartones y papeles. Además, también necesitaremos aire y agua.

Los microorganismos responsables del compost tienen las mismas necesidades que nosotros: aunque sean mucho más pequeños, necesitan aire para respirar, agua para beber y nitrógeno y carbono para tener energía, crecer y reproducirse. Todo cuanto necesitan los microorganismos para convertir los residuos en compost se puede obtener a partir de una mezcla adecuada a base de residuos de cocina y de jardín.

El compost se realiza a escala industrial en las plantas de compostaje. Pero vosotros mismos podéis hacerlo en casa de una manera muy fácil. Los elementos esenciales son los restos de hojas secas, de plantas, de flores, de hierbas y restos de la poda de las plantas cortados en fragmentos muy pequeños junto con las sobras de la cocina, como el poso de café, bolsas de infusiones, cartones y papeles. Además necesitaréis aire y agua.

Podéis construir un compostador en la terraza de vuestra

casa. Existen unos recipientes de madera o de plástico que se venden en las tiendas y que sirven para hacer compost. Estos recipientes están ventilados: se necesita aire para que el compost salga bien. Se deben ir alternando capas de restos vegetales y de restos de cocina (es preferible que no uséis restos animales –carne, pescado, leche, grasas–, ni pañales, ni deposiciones de gato, puesto que huelen mal y si no se compostan bien podrían provocar enfermedades). La primera capa, la de debajo de todo, debe ser de restos vegetales. No pongáis ni tierra ni cenizas.

Si la mezcla se seca mucho tendréis que mojarla. En el proceso, el producto puede alcanzar temperaturas de hasta 70 °C. Pasados cinco o seis meses habréis conseguido un abono natural para vuestras plantas.

El humus de lombriz

Es un producto de la descomposición de los vegetales que, en lugar de utilizar microorganismos, hace el proceso a través de las lombrices: la lombriz roja de California *(Eisenia foetida)* que se puede adquirir en comercios especializados. Las lombrices digieren los restos orgánicos y los transforman en este humus, que se conoce generalmente como vermicompost.

Se utilizan recipientes que pueden estar especialmente diseñados para hacer el vermicompost; es lo más práctico, puesto que estos recipientes tienen un sistema de aireación que favorece que vivan las lombrices, que son delicadas. También se puede hacer en un cajón, en cuya tapa deberemos realizar unos agujeros. Los recipientes tienen también unas rejas para que salgan los líquidos. Lo ideal es que sean de madera o de plástico.

El procedimiento consiste en preparar una primera capa, que puede ser de papel de periódico mojado y hojas y, si es posible, un poco de estiércol de caballo, encima del cual pondréis las lombrices. Debéis ir añadiendo restos vegetales a medida que las lombrices van procesando la materia orgánica y la van transformando en vermicompost. Como en el caso de los compostadores, podéis poner toda clase de restos vegetales y de restos de cocina, como las hojas, hierbas, trozos de poda, pedazos de frutas y verduras, poso de café, bolsas de infusiones, pasta, pan o galletas, restos de plantas, flores, cartones y papeles.

Los recipientes deben estar a la sombra y de tanto en tanto se debe añadir agua.

También se puede comprar el humus de lombriz en las tiendas. Es un producto muy rico en nutrientes que se puede usar en lugar de los abonos químicos.

Tratamientos naturales

No siempre es necesario recurrir a pesticidas sintéticos. Hoy en día se han desarrollado productos mucho menos agresivos y que no atacan a los organismos beneficiosos. También se utilizan cada vez más los productos biodegradables. Existen diversos tipos.

Por ejemplo, existen los productos fungicidas de nueva generación, como las paldoxinas, que atacan específicamente a un hongo concreto, es decir, que son selectivos y no afectan a otras plantas ni hongos.

También están los biopesticidas, que se obtienen a partir de organismos naturales, como el *Spinetoram*, que se obtiene de una bacteria y que se utiliza para combatir los insectos de los cultivos, o el hongo *Metarhizium anisopliae*, que se emplea como insecticida natural.

Cada vez se da más la posibilidad de adquirir depredadores naturales de las plagas, como la crisopa *(Chrysoperla carnea)*, un insecto que se alimenta de cochinillas y pulgones.

Muchos de estos productos son tan nuevos que todavía no se comercializan para la jardinería doméstica.

 No siempre es necesario recurrir a pesticidas sintéticos. Hoy en día se han desarrollado productos mucho menos agresivos y que no atacan a los organismos beneficiosos. También se utilizan cada vez más los productos biodegradables.

Últimamente se está estudiando la posibilidad de obtener pesticidas naturales a partir de extractos de tóxicos naturales que las propias plantas utilizan para protegerse de los ataques de insectos y hongos. Podéis encontrar algunos productos para jardinería como el extracto de nim *(Neem)*, que se extrae de un árbol, la *Azadirachta indica* y que se usa como insecticida contra numerosas plagas de insectos.

Con el fin de favorecer las defensas de la plantas frente a enfermedades provocadas por hongos, se emplea otro producto natural, el chitosán, que se extrae de las cáscaras de las gambas y de otros crustáceos. Puede encontrarse también en comercios especializados.

¿Se pueden reciclar las plantas?

Podemos poner las plantas en el contenedor de la fracción orgánica; aunque reconozco que cuando se trata de plantas grandes es difícil. Para casos especiales, como en el caso de los abetos de Navidad, los ayuntamientos suelen ofrecer puntos de recogida de árboles para llevarlos a las plantas de reciclaje. Allí les quitan las bolas y guirnaldas que quedan y las macetas, y trituran los árboles para obtener compost.

¿Se pueden aprovechar las plantas de la cocina?

Hace años se puso de moda poner en un recipiente de cristal un boniato, que brotaba esplendoroso. Volver a recuperar estas costumbres nos puede dar satisfacciones: si ponéis un boniato con su base en un vaso con agua tendréis una curiosa planta para adornar vuestra cocina; otra planta agradecida es el aguacate: si sembráis una semilla tendréis un arbolito de hojas anchas muy decorativo. No enterréis del todo la semilla y ponedla horizontal en la maceta. Otra de las que podéis plantar es la piña americana o ananás; cuando le cortéis la parte de las hojas, dejad dos centímetros de fruta en la base y plantadla en una maceta, así os crecerá una planta de piña.

No os garantizo que dé piñas que podáis comer, pero disfrutaréis durante una temporada de una planta decorativa.

Si os aburrís de verdad, las zanahorias, nabos, cualquier cosa que tengáis a mano os puede dar satisfacción, ¡si la plantáis, quiero decir!

18
Arquitectura vegetal

Muros vegetales, cubiertas ecológicas, jardines hidropónicos
Plantas integradas en la arquitectura de nuestra casa para reducir el gasto energético.

El cuento de los tres cerditos

Había una vez tres cerditos que eran hermanos. Cuando crecieron y se independizaron, el hermano pequeño, que era un poquito vago, construyó su casa con paja; el hermano mediano, quien gustaba de la buena vida, se hizo la casa con madera, y el hermano mayor, sensato y responsable, construyó su casa de ladrillos.

Hete aquí que un día apareció el lobo, fue a la casa del hermano pequeño y de un soplo hizo volar la casa de paja por los aires; el cerdito corrió a esconderse en casa del hermano mediano. Cuando llegó el lobo, sopló bien fuerte e hizo volar también la casa de madera; los dos cerditos corrieron a esconderse en la casa del hermano mayor, y cuando el lobo llegó, sopló y sopló, pero la casa no derribó. La moraleja del cuento es que las casas tienen que ser de ladrillo.

Sin embargo, los cuentos no son siempre intemporales, y ahora resulta que el hermano mayor que había invertido todo en el ladrillo, al final se arruinó con la crisis, y los pequeños, que habían invertido en casas de bajo consumo de recursos, naturales y bioclimáticas se convirtieron en los reyes de la fiesta.

¿Qué es la arquitectura vegetal?

Construir con plantas o utilizar las plantas para acondicionar los edificios es la última tendencia en arquitectura; es lo que llamamos arquitectura sostenible o arquitectura bioclimática. Las plantas se pueden colocar en las paredes, de modo que actúen como aislantes del calor del verano y del frío del invierno; también se pueden colocar en la cubierta del edificio, donde cumplen distintas funciones no sólo para el propio edificio, sino también para mejorar el clima de las ciudades. Finalmente, se pueden colocar las plantas colgadas de distintos modos en los edificios: de redes para dar sombra, o emparradas en las ventanas para controlar el flujo de aire y la temperatura. A estos jardines se los denomina jardines hidropónicos, porque estas plantas requieren que les llevemos el agua y los nutrientes a lugares de difícil acceso, de modo que deben utilizarse técnicas distintas a las que requiere tener una maceta en el suelo.

La última tendencia en arquitectura es utilizar las plantas para acondicionar edificios, desde usarlas en paredes como aislantes hasta crear cubiertas de edificios o sombreadas cortinas vegetales.

¿Puedo ponerle una cubierta ecológica a mi casa?

Algunas nuevas corrientes arquitectónicas optan por poner plantas en las cubiertas de las casas. ¿Con qué fin? Bien, pues las plantas aíslan de los vientos, amortiguan el ruido de las calles, recogen el agua de la lluvia y no dejan que se vierta tan rápidamente en las alcantarillas, filtran el agua y absorben los elementos contaminantes, reducen en general el exceso de calor en las ciudades, mejoran la calidad del aire e incrementan la biodiversidad, favoreciendo la creación de corredores ecológicos.

No sólo en casas aisladas se pueden construir cubiertas con plantas: en las ciudades se pueden instalar en las terrazas de las comunidades de vecinos.

Una cubierta ecológica consiste en poner un sistema de drenaje y una capa de sustrato en el que se plantan las plantas sobre la capa aislante del edificio; si se riegan, se puede poner cualquier tipo de plantas, pero las que se denominan cubiertas ecológicas son cubiertas sin riego. No hay tantas plantas que puedan soportar las condiciones urbanas sin riego. El *Sedum* es de las especies más resistentes a estas condiciones, y por ello se utiliza a menudo para ajardinar las cubiertas ecológicas.

Muros vegetales

En las ciudades se han puesto de moda los muros vegetales; Patrick Blanc ha llenado de ellos la ciudad de París, y cada vez se utilizan más. Pero hay muros vegetales de muchas clases. Los de Blanc, como por ejemplo el del Caixaforum de Madrid, se deben a un sistema constructivo basado en colocar un tejido de tela reciclada sobre una plancha de PVC, hacer unos cortes en la tela e introducir en estos últimos las plantas. La tela se mantiene continuamente húmeda y el agua cae desde arriba, para que las plantas no se sequen. Otros muros vegetales se construyen a partir de paneles que contienen sustrato, y algunos son ecológicos y permiten que el agua recircule.

Para la jardinería casera también se han desarrollado muros vegetales y hasta cuadros que se pueden colgar en la pared con combinaciones diversas de plantas.

Un muro de trepadoras

El jazmín, la buganvilia o la hiedra son plantas trepadoras, lo que significa que se deben emparrar. Para que trepen tendremos que utilizar instalaciones especiales, como celosías o cables. Estas plantas se utilizan para crear jardines verticales, y nos proporcionan aislamiento térmico, con el consiguiente ahorro energético.

Mientras que las hiedras cuentan con unas pequeñas raicillas aéreas que las ayudan a pegarse a las paredes, las buganvilias o los jazmines necesitan nuestra ayuda. Lo más fácil es poner una celosía de madera y atar las ramas con alambre especial (alambre recubierto de una capa plástica que protege las ramas). Deberemos tener cuidado, y sacar los alambres cuando las plantas crezcan, para no estrangular las ramas.

También podemos utilizar cables de acero galvanizado o inoxidable para que trepen las plantas; necesitaréis soldar o atar los cables en unas guías abajo y arriba de la pared si no los queréis clavar directamente.

Entre las plantas trepadoras que podéis poner en vuestra terraza están la clemátide *(Clematis armandii)*, el ficus trepador *(Ficus repens)*, la buganvilia *(Bougainvillea hybrida)*, la hiedra *(Hedera helix)*, el jazmín *(Jasminum officinale)*, la madreselva *(Lonicera caprifolium)*, la viña virgen *(Parthenocissus quinquefolia o tricuspidata)*, la flor de la pasión *(Passiflora edulis)*, la glicina *(Wisteria sinensis)*, el jazmín azul *(Plumbago auriculata)*, el jazmín amarillo *(Jasminum revolutum)* o la tunbergia *(Thunbergia alata)*.

Los jardines hidropónicos

La hidroponía consiste en cultivar plantas sin tierra. De hecho, las plantas que tenemos en casa no tienen tierra, sino un sustrato especialmente preparado para satisfacer las necesidades específicas del cultivo en maceta. Estos sustratos proporcionan también nutrientes a las plantas a través de la materia orgánica.

Pero también es posible hacer hidroponía estricta cultivando las plantas en sustratos completamente inertes, como las bolitas de arcilla expandida, que sirven únicamente para dar soporte a las raíces. En estos sistemas tendremos que poner siempre los elementos nutritivos a través del sistema de riego, es decir, mezclándolos con el agua. Eso significa que deberemos controlar muy bien las propiedades del agua de riego o «solución nutritiva», puesto que si hay sustrato, él mismo hace de sistema regulador (si ponemos demasiadas sales, por ejemplo, las acumula y las libera poco a poco). Pero el sistema hidropónico no cuenta con esta base reguladora. De hecho, la mayoría de sistemas hidropónicos que se usan en jardinería hacen trampas e incluyen un sustrato orgánico, como la fibra de coco, que evita que pase algo si un día nos equivocamos.

En jardinería doméstica existen pocas plantas completamente hidropónicas, pues se trata de un sistema bastante delicado que exige cierta dedicación. Pero si os atrevéis, tendréis que automatizar vuestro jardín: contar con riego y fertilización automática, a través de un sistema de bombas; tendréis que conocer las concentraciones de nutrientes que deberéis añadir al agua para cada tipo de planta distinto, y podéis hacer un sistema tan sofisticado como queráis: podéis por ejemplo añadir placas solares para poner el riego en marcha. Las ventajas son el ahorro de agua y nutrientes. Quizás en casa no resulte tan obvio, pero en un local público, como un comercio, un restaurante, un hotel o un centro deportivo, poner un jardín de éstos facilita mucho las cosas, pues permite controlar completamente el crecimiento vegetal.

19
Buscando a Wally

Plantas por todas partes

¿Sabéis cuántas plantas tenemos en casa? Si nunca os habéis parado a pensarlo, la verdad es que vivimos una verdadera invasión vegetal. La cocina, el baño, el comedor y a veces hasta la propia casa están hechos con plantas.

¿Dónde están las plantas de mi casa?

La mayoría de los humanos viven en casas de paja, cañas o madera, es decir, en casas construidas con plantas. Nosotros, en las ciudades, habitamos casi todos en casas construidas con ladrillos; pero, miremos con un poco de detalle nuestro pisito...

Nos sentamos en el comedor: los muebles son de madera de cerezo, de fresno, haya, pino o wengué; las sillas, de caña o rotang; el suelo de parquet de pino, de teca o de corcho. Ya tenemos unas cuantas plantas. En el suelo, una alfombra de fibra de coco o de yute. Hasta los marcos de los cuadros son de madera, y las láminas donde han sido pintados, de madera o de algodón.

Tenemos en el escritorio lápices de madera, gomas de borrar de caucho y nuestros libros están hechos de fibra de pino o de eucalipto. En el lavadero guardamos cordel de cáñamo o yute e hilos de coser de algodón.

Vamos a nuestro cuarto y abrimos el armario: camisas, blusas y camisetas de algodón, zapatillas de esparto, vestidos de lino.

En la cocina abrimos la nevera: tomates, cebollas, patatas, lechugas, coles, ajos; sobre el mármol tenemos el aceite de oliva, el de girasol, el vinagre de uva, el azúcar de caña o de remolacha, y no hablemos de las galletas, la pasta y todos los derivados de los cereales. Sobre el mármol, una bandeja con manzanas, naranjas, mandarinas y plátanos. En la despensa, latas de espárragos, olivas y pimientos, almendras y cacahuetes, chocolate de cacao, y también botes de pimienta, nuez moscada, orégano, hojas de laurel, tomillo y romero. Tenemos el café de la cafetera y una caja llena de bolsitas de té, menta y manzanilla. Y las bebidas alcohólicas: whisky de cebada, vino y coñac de uva, ron de caña de azúcar, cerveza de cebada y lúpulo.

En el cuarto de baño tampoco escapamos de las plantas: jabones de aloe o de avena, cremas de belleza de todas las clases con derivados del algodón, del lino y de aceites vegetales. Y luego están los perfumes: con lavanda, jazmín, rosas, violetas, limón, naranja, vainilla, pino, cedro y toda clase de plantas aromáticas. En el botiquín tenemos nuestras pastillas de regaliz para la tos y preparados de eucalipto y menta para el dolor de garganta.

Si lo pensamos bien, en nuestro pequeño pisito tenemos representadas más de cien especies de plantas distintas. Las plantas nos rodean y conviven con nosotros desde que empezamos a ser humanos, y las necesitamos para alimentarnos, curarnos, vestirnos y protegernos.

 Si lo pensamos bien, en nuestro pisito tenemos representadas más de cien especies de plantas distintas: desde la madera de los árboles de la que están hechos los muebles hasta tejidos, los vegetales que guardamos en la nevera, hierbas para infusiones... ¡y las que usamos para decorar!

Necesitamos también las plantas para cosas menos pragmáticas. En nuestra estresada vida urbana existen cada vez más enfermedades relacionadas con el estrés, las malas posturas en el trabajo, los nervios, la vida sedentaria, las migrañas y un largo etcétera de cosas que afectan a nuestra salud mental. Las plantas ornamentales tienen otras funciones que cuesta medir, como las de aumentar la calidad de nuestro entorno y mejorar el aire que respiramos, y nos ofrecen su belleza, que tiene mucho valor. En las ciudades no tenemos la suerte de poder disfrutar de un paisaje de montaña para alejarnos de nuestros problemas.

Mirar una planta o un balcón en flor en la ciudad es lo que más se parece a acercarnos a la naturaleza.

El rey Salomón

Con este libro espero haber despertado la sensibilidad por las plantas, o al menos que sea más fácil convivir con ellas.

Creo que lo más importante es no tener miedo; ¿qué pasa si se nos muere una planta? Cada día mueren plantas en nuestros platos de ensaladas y en nuestras cazuelas, y creo que muy dignamente, tras haber hecho bien su trabajo. Que se nos muera una planta no tiene que ser un drama, ni una razón para renunciar a la jardinería; al contrario, debería ser un reto para volver a empezar, y a medida que vamos practicando, ir aprendiendo. La jardinería es como el deporte, el baile o el sexo: cuanto más se practica más nos gusta.

Las cosas van cambiando en nuestra vida. Desde que éramos novatos sentados en nuestro sofá mirando a nuestra recién llegada PLANTA ha llovido mucho: ahora que algunos tienen niño, otros perro, otros están atrapados por una hipoteca, o están pendientes de las actividades extraescolares de los niños; ahora que nos ha llegado la crisis, que algunos están en el paro, o la suegra nos va fastidiando o la madre no para de llamar para saber si el niño come o no... A veces, a pesar de todo, nos damos cuenta de que las cosas no nos han ido todo lo bien que nos tenían que ir.

¿Conocéis la historia del rey Salomón? Pues es el relato de dos mujeres que se disputaban la maternidad de un bebé, y como no había modo de entenderse y saber de quién era el niño (en aquella época no te podían hacer las pruebas de ADN) fueron a ver al sabio rey Salomón, que lo tuvo muy claro y sugirió cortar el niño por la mitad y dar una parte a cada mujer. Parece ser que la madre de verdad dijo que no lo dividieran y así se supo quién era la auténtica progenitora. Claro que, el rey Salomón, tenía su experiencia tratando a las mujeres, ¡porque cuenta la leyenda que tuvo nada menos que setecientas! En fin: que no debía de ser la primera vez que tuvo que decidir de quién era un niño. Bueno, pues con vuestras plantas no tendréis nunca este problema; si un día os tenéis que pelear por la propiedad de la PLANTA, no os preocupéis: a la mayoría de las plantas las podéis cortar por la mitad, plantáis cada parte en una maceta y os quedáis con una cada uno. Así que, vayan como vayan las cosas, existe algo que es más fuerte que el amor o la convivencia y que sobrevive por encima de todas las crisis personales y de pareja... ¡LA PLANTA!

Índice onomástico de plantas

Este índice referencia el nombre común y el nombre latino de todas las plantas que se mencionan en algún momento del libro. No todas se encuentran suficientemente explicadas en el libro, pero como no se trata de un manual al uso, en algunos casos algunas de ellas sólo sirven de ejemplo para las de su especie o similares.